AF445555

PENSAR EPISTÉMICO, EDUCACIÓN POPULAR E INVESTIGACIÓN PARTICIPATIVA

Alfonso Torres Carrillo

Pensar epistémico, educación popular e investigación participativa / Alfonso Torres Carrillo
Ciudad de México: Editora Nómada, IPECAL, 2019.
122 pp. ; 13 x 21 cm.

ISBN: 978-607-98512-4-8

Educación popular — Investigación participativa — Epistemología latinoamericana — Pensamiento crítico latinoamericano — Historia intelectual en América Latina — Hugo Zemelman — Orlando Fals Borda — Paulo Freire

Primera edición, 2019

© IPECAL
Cerro La Carbonera 24
Coyoacán, CDMX, 04200

©Editora Nómada
Belisario Domínguez 17-B
Coyoacán, CDMX, 04000
contacto@editoranomada.mx

Edición y formación: Katia Ibarra
Portada: Lizardo Carvajal (Pixabay)

ISBN: 978-607-98512-4-8

Impreso en México / *Printed in Mexico*

Índice

Publicar este texto significa, para nosotros, alegría, encuentro entre afectos, afinidades y convicciones por lo posible.

Significa poner en valor una producción escrita que deja registro de una apuesta ético-política desde la educación popular en lo que para IPECAL ha sido siempre un desafío mayor: la construcción de conocimiento histórico; desafío y alternativa a la producción de conocimiento signada por el orden establecido en sus múltiples formas de condicionar el sentir, el pensar y el hacer de muchas de las instituciones educativas –gubernamentales y no gubernamentales– de nuestros países. Esta obra se suma y articula así al espíritu y postura del proyecto intelectual que promovemos en IPECAL.

Es, en este marco de consideraciones, que este texto representa, además, un encuentro, un abrazo de amistad y profundo respeto entre dos intelectuales: entre un maestro y su discípulo, entre dos trabajadores de la cultura con profundo compromiso político con sus pueblos y su gente, cada uno desde sus campos de conocimiento: Hugo Zemelman, desde la epistemología, y Alfonso Torres, desde la educación popular.

De este encuentro resulta esta obra: de esos diálogos compartidos en el tiempo tanto en México como en Colombia, tanto en los cafecitos –que tanto le gustaba a Hugo Zemelman compartir–, como en ámbitos académicos y espacios abiertos, donde la gente sencilla se abre al diálogo y se suma a la lucha por tiempos mejores.

Alfonso hace honor a su maestro al resignificar sus aportes desde la educación popular, le pone letra y palabra al diálogo compartido, asume sus enseñanzas, las reconoce y las hace crecer. Sin lugar a dudas, un magnífico discípulo y mejor compañero de andar los caminos que nos llevan siempre a construir futuros más justo para las mayorías.

Estamos contentos de publicar y compartir este encuentro hecho palabra escrita para ser compartida... Si algo reconocemos en Hugo Zemelman, los que tuvimos la brillante posibilidad de conocerlo y compartir en parte sus días, es su gran generosidad. Alfonso festeja, con su obra, esa generosidad y la recrea, porque es desde allí que teje con nosotros la esperanza; así, hace más luminosa la presencia de Hugo entre nosotros y ensancha los caminos de compartencia.

Deseamos que cada lector que se acerque a este texto vibre con esta misma resonancia y espíritu, y que disfrute, tanto como nosotros, este encuentro para abrir así los espacios físicos, simbólicos e interiores de muchos otros encuentros más en este tiempo y en los tiempos por venir.

Estela Quintar
Agosto de 2019

Introducción

Los textos que componen este libro tienen como base un conjunto de conferencias que he dado entre 2017 y 2019 y que tienen como tema común el proyecto intelectual y político iniciado por Hugo Zemelman y que llamamos *epistemología del presente potencial*; ésta, además, en realidad es mucho más que una teoría del conocimiento: es una ontología de la realidad sociohistórica y del lugar de la subjetividad y los sujetos en su configuración, así como una perspectiva metodológica para su abordaje desde la investigación y la intervención social.

Tuve el privilegio de conocer al profesor Zemelman desde 1998 y trabajar con él entre los años 2000 y 2013, lapso en el que, además de leerlo en su prolífica producción intelectual y escuchar sus conferencias magistrales y sus "conversatorios" informales, tuve la ocasión de conversar con él muchas veces, generalmente en la compañía de Estela Quintar y de Alfredo Ghiso. Ello me permitió obtener de primera mano y de comprender la densidad de sus pensamientos en torno a las que fueron sus preocupaciones políticas, epistémicas y metodológicas. También, y en consecuencia con éstas, de recrear sus ideas desde mi práctica como educador popular e investigador social comprometido con sentidos y prácticas sociales emancipadores.

Por la cercanía con el IPECAL, en los últimos años he sido invitado a las ya tradicionales jornadas de reflexión llamadas *Agostos* y *Octubres latinoamericanos*; por eso, los tres últimos capítulos del libro contienen mis intervenciones en los años 2017 y 2018 (en Bogotá y Ciudad de México, respectivamente), en los cuales puse en diálogo algunos planteamientos de Zemelman con otros dos referentes del pensar crítico latinoamericano: la educación popular y la Investigación Acción Participativa (IAP). El primer capítulo es una conferencia que hice en 2019, dentro de un seminario sobre Subjetividades y diferencias, del Doctorado en Estudios Sociales de la Universidad Distrital Francisco José de Caldas (Bogotá).

Además de agradecer a Estela Quintar su generosa iniciativa de publicar estos textos, quiero dedicar este libro a la memoria de Hugo Zemelman, quien sigue presente con sus agudas preguntas, sus elocuentes intervenciones y su risa espontánea, en aquellos lugares y eventos donde se piensa, se forma y se investigativa con un sentido autónomo, crítico y emancipador.

Capítulo 1

Subjetividad y sujeto
desde la perspectiva del pensar crítico[1]

En el presente texto se sintetizan los presupuestos ontológicos, epistemológicos y metodológicos de la perspectiva del pensar crítico latinoamericano sobre las categorías de subjetividad y sujetos sociales, construida por el pensador chileno radicado en México desde su exilio en 1973, Hugo Zemelman Merino. Por tanto, la exposición se basa principalmente en sus obras, así como en artículos previamente escritos por el autor de este ensayo y en escritos de otros autores de los que Zemelman recibió influencia o que hacen planteamientos coincidentes con lo que algunos autores denominan *epistemología del presente potencial*.

1. Contexto de emergencia y devenir del pensar crítico latinoamericano

Si bien es cierto podemos hallar resistencias y posicionamientos críticos frente a los discursos hegemónicos impuestos a nuestro continente desde el inicio mismo de

---

[1] Conferencia dictada en el Doctorado en Estudios Sociales de la Universidad Distrital Francisco José de Caldas, Bogotá, 2019.

la dominación europea hace más de cinco siglos (Poma de Ayala, Túpac Amaru, Simón Rodríguez, José Martí, José Carlos Mariátegui, etc.), es sólo desde la segunda mitad del siglo XX que se configura una corriente de pensamiento social crítico, agenciado por una generación de cientistas sociales, por lo general, formados en el mundo académico europeo y norteamericano.

En efecto, a lo largo de la década de 1960, algunos de estos investigadores sociales empezaron a reconocer las limitaciones de las teorías y metodologías sociales gestadas en el Norte epistémico para dar cuenta de la singularidad de las realidades latinoamericanas, a la vez que develaban el carácter colonial e imperialista de su implantación en el continente de la mano de los proyectos modernizadores, en particular del desarrollismo.

Esta falta de autonomía y criticidad de las ciencias sociales de los países dependientes (García, 1972) en el contexto de la triunfante Revolución Cubana y ascenso de luchas sociales y políticas en la región, llevaron a plantear la necesidad de intelectuales críticos (Bagú, 1059), de una sociología comprometida con el cambio (Pinto, 1959 y 1963), de una "auténtica sociología latinoamericana" (Torres, 1961), de una sociología revolucionaria (Fernandes, 1963), con una sociología propia y unas ciencias sociales propias (Fals Borda, 1970) y una "teoría latinoamericana de las ciencias sociales" (García, 1972).

En ese mismo sentido, otros científicos sociales latinoamericanos ahondaron en su crítica al colonialismo intelectual y a la construcción de un pensamiento social, así como de unas teorías y unos métodos sociales propios que tomaran distancia con el positivismo heredado el Norte, apropiados a las realidades del continente y coherentes con los desafíos políticos que reclamaba una América Latina en movimiento.[2] Aunque la mayoría de ellos asumió el marxismo y las teorías de la dependencia como base de sus elaboraciones, construyeron perspectivas y conceptos, de cara a la singularidad de los problemas que se ocuparon y a las opciones de futuro que promovían.

Cabe destacar el papel que jugó el exilio de la mayor parte de estos intelectuales críticos, a raíz de la oleada de dictaduras militares que se impuso en América desde el golpe en Brasil de 1964; dichos regímenes autocráticos persiguieron cualquier atisbo de pensamiento crítico y persiguieron a dichos pensadores. Así, en un primer momento, decenas de intelectuales brasileños y de otros países, huyeron hacia Chile, bajo los gobiernos de Eduardo Frei y Salvador Allende; con los golpes militares en Uruguay y Chile (1973) y Argentina (1976), la diáspora se extendió a otros países como Venezuela y México.

En este último país, confluyeron varios de estos intelectuales de izquierda en centros académicos como la UNAM, la UAM, FLACSO y El Colegio de México, donde pudieron retomar sus reflexiones y formar nuevas generaciones en torno al pensar crítico latinoamericano. En el caso de Hugo Zemelman, quien sale de Chile después del golpe de Pinochet, y se incorpora a El Colegio de México, al Centro de Estudios Latinoamericanos de la UNAM y a FLACSO.

---

[2] Es el caso de Eliseo Verón, Enrique Dussel, Rodolfo Stavenhaven, Pablo González Casanova, Celso Furtado, Theotonio dos Santos, Ruy Mauro Marini, Octavio Ianni, Fernando Henrique Cardoso, Enzo Faleto, Aníbal Quijano, Osvaldo Sunkel y Edelberto Torres Rivas, cuyas obras van a tener amplia circulación en las décadas de 1970 y 1980.

Zemelman es de una generación siguiente a la de los fundadores,[3] de quienes recibió influencia e interactuó en Chile y México; desde la década de 1980 inicia un programa intelectual orientado a cuestionar los límites de las ciencias sociales latinoamericanas para dar cuenta de las transformaciones que vive la región y el mundo, a la vez que a destacar el lugar de los sujetos y de las dinámicas microsociales en dichos cambios y como perspectiva para su comprensión. A partir de esa crítica y desde este ángulo de mirada, va a ir más allá, para cuestionar la propia racionalidad de las ciencias sociales modernas y explorar la necesidad de nuevas formas de pensar y abordar lo social desde los umbrales de la razón y desde las opciones de futuro presentes en el continente (Zemelman, 1996).

Búsquedas y apuestas epistémicas y teóricas similares van a emprender otros pensadores y colectivos de intelectuales e investigadores a fines del siglo XX y a comienzos del presente, renovando el pensamiento crítico latinoamericano y ampliando sus perspectivas a la crisis de la modernidad, de las ciencias sociales y de las teorías sociales clásicas (incluidas las críticas), en la mayoría de los casos desde la relación y compresión de las luchas de resistencia y de los viejos y nuevos movimientos sociales.

Investigadores y pensadores como Boaventura de Sousa Santos, Aníbal Quijano, Silvia Rivera, Raúl Zibechi y Arturo Escobar, así como el grupo modernidad/colonialidad (Walter Mignolo, Catherine Walsh, Santiago Castro, Ramón Grosfoguel) y colectivos de intelectuales indígenas y afroamericanos, continúan aportando

---

[3] En esta segunda generación también podemos ubicar a Ruy Mauro Marini, Bolívar Echeverría, Agustín Cueva, Norberto Lechner, René Zabaleta y Emir Sader.

desde nuevas perspectivas como las epistemologías del Sur, la decolonialidad, los feminismos comunitarios, el buen vivir, el *pensar ch'ixi* y la interculturalidad crítica, a esta corriente de pensamiento y conocimiento propio y emancipador. La renovación del pensamiento crítico latinoamericano también se nutre de las prácticas senti-pensantes surgidas en las décadas de 1960 y 1970, tales como la educación popular, el teatro del oprimido, la comunicación alternativa y el arte comprometido. En diálogo con los referentes anteriores y desde sus propios replanteamientos y renovaciones, estas prácticas alternativas continúan siendo una fuente de creación de sentidos, saberes, pensares y sentires emancipadores.

2. Ontología de lo social en clave de sujetos y subjetividades sociales

Escucha, aprende.
El tiempo se divide en dos ríos:
Uno corre hacia atrás, devora lo que vives,
El otro, va contigo adelante, descubriendo tu vida.
Pablo Neruda

El esfuerzo de Zemelman por organizar la comprensión de la realidad social desde la óptica de los sujetos y la subjetividad, implica superar el análisis determinista y estructural, para dar paso a lecturas dialécticas, no deterministas y abiertas de la vida social, asumiéndola como movimiento permanente y abierto; "como una síntesis de pasado y posibilidades de futuro presente; esto es como lo dado que contiene lo porvenir" (Zemelman, 1992, p. 12).

La premisa inicial de considerar la realidad histórica social como un movimiento permanente e indeterminado en el cual se articulan procesos heterogéneos, se imbrican diferentes temporalidades (memorias, futuros) y confluyen y refluyen dinámicas objetivas y subjetivas, materiales y simbólicas, lleva a Zemelman (al igual que otros autores como Castoriadis) a ver las sociedades y sus diferentes instituciones como estructuradas y estructurantes, como instituidas e instituyentes.

Desde esta perspectiva, los sujetos son vistos en su proceso de construcción, como "condensadores de historicidad": como resultado del devenir social y las memorias del pasado y, a su vez, como actores del presente y portadores de futuros posibles. Concebidos los sujetos como formas particulares de existencia social, se constituyen como mediadores de relaciones de poder y de lucha por la orientación de la vida social, condicionados por las circunstancias, a la vez con capacidad para hacer historia desde sus praxis y sus visiones y opciones de futuro.

Esta capacidad constructiva de realidad a escala microsocial desde la praxis humana, lleva a reconocer el presente, no sólo como resultado de procesos previos, sino también como espacio de emergencia de futuros posibles. Esta noción de "presente potencial" lleva a Zemelman, tanto a construir abordajes metodológicos que recuperan la noción de coyuntura, así como a incorporar un concepto de articulación de lo histórico social como "síntesis de múltiples determinaciones" y como síntesis de múltiples posibilidades.

En esta construcción de realidad a través de su praxis, los sujetos también se constituyen como tales. Así, individuos, las poblaciones y colectivos pueden devenir en sujetos sociales; transitar de sujetos producidos –estructurados desde fuerzas y dispositivos "externos"–, a sujetos instituyentes quienes desde prácticas sociales se *des*-su-jetan y se afirman como tales en la medida en que confi-guran estrategias identitarias y ganan autonomía:

> Toda práctica social conecta pasado y futuro en su concreción presente, ya que siempre se mostrará una doble subjetividad: como reconstrucción del pasado (memoria) y como apropiación del futuro, dependiendo la constitución del sujeto de la articu-lación de ambas (Zemelman, 1996, p. 116).

Tal elaboración de experiencia pasa por la "trans-formación y constitución de subjetividades colectivas", pues es en éstas donde confluyen y se reelaboran tanto los factores estructurantes de la vida social, como los procesos constructivos, de creación social. La subjeti-vidad social tiene como ámbito de configuración y de producción, no las grandes estructuras macro-sociales, sino los micro-dinamismos sociales, que se dan a una escala molecular y cotidiana.

No se trata de la conciencia, o el *cogito* y sus abstrac-ciones, sino una instancia compleja en la que convergen diferentes planos de la vida social y las dinámicas colec-tivas, así como de diferentes procesos individuales. La subjetividad "no puede entenderse como un campo definido en términos de sus manifestaciones, ya sean conductuales, de expectativas o perceptivas, sino de modo más profundo, desde su misma dinámica constitu-tiva y constituyente: ello nos remite a campos de realidad más amplios" (Zemelman, 1996, p. 104).

En la subjetividad social confluyen diferentes procesos culturales y sicológicos como la memoria (como imagina-rios, representaciones sociales y creencias), la conciencia (como apropiación de la realidad, no sólo racional), la voluntad, la emocionalidad y las visiones de futuro. No se agota en la conciencia racional ni en lo ideológico, sino que se configura tanto en las profundas dimensiones de la vida social como en la dinámica de los conflictos sociales, en las prácticas sociales y el acontecer cotidiano.

La categoría de subjetividad nos remite a un conjunto de instancias y procesos de producción de sentido, a través de las cuales los individuos y colectivos sociales construyen y actúan sobre la realidad, a la vez que son constituidos como tales. Involucra un conjunto de imaginarios, creencias, valores, ideas, lenguajes y formas de aprehender el mundo, conscientes e inconscientes, cognitivas, imaginativas, volitivas, emocionales y eróticas, desde los cuales los individuos y los colectivos sociales elaboran su experiencia existencial y sus sentidos de vida, a la vez que orienta sus prácticas sociales y sus relaciones con otros. Como fuente de sentido y mediación simbólica precede y trasciende a los individuos; constituye nuestro *yo* más singular, el sentido de pertenencia a un nosotros y al conjunto social (Torres, 2000; 2006).

Esta manera de asumir la subjetividad social coincide con la de otros autores, para quienes aparece como un concepto de mayor potencial analítico y emancipatorio que otras como conciencia, ideología o identidad, heredadas de las teorías sociales clásicas. Así, para Calvillo y Favela (1995, p. 270) la subjetividad es "un conjunto de valores, creencias, lenguajes y formas de aprehender el mundo, consciente e inconscientemente, intelectuales, afectivos y eróticos" en torno a la cual se configuran, las identidades, los modos de ser y actuar colectivos.

Isabel Jaidar agrega que:

> [...] la subjetividad es un medio de demostración de las ciencias sociales e incluye el conocimiento, las

construcciones simbólicas e imaginarias de aquellos saberes descalificados por el positivismo señalándolos de no racionalistas, como son los mágicos, míticos, religiosos y en fin, todas las construcciones imaginarias y simbólicas que perviven en todos los pueblos de la tierra, y que se inscriben en un registro que tiene un lazo entre lo simbólico, lo social y lo singular (Jaidar, 2003, p. 55).

Por su parte, Guattari (1996, p. 42), la define como "el conjunto de condiciones por las que instancias individuales o colectivas son capaces de emerger como territorio existencial *sui referencial*, en adyacencia o en relación con una alteridad, a la vez subjetiva".

Zemelman, haciendo eco de los conceptos de lo instituido y lo instituyente (Castoriadis) plantea una distinción analítica entre "subjetividades *constituidas*" y "subjetividades *constituyentes*" no como una polaridad ontológica, sino para visibilizar las permanentes fuerzas tensionantes que moldean la subjetividad social y sus posibilidades de potenciación de las prácticas y procesos sociales, para generar nuevos sentidos y para construir realidad.

A partir de lo expuesto, la subjetividad, cumple simultáneamente varias funciones: *1)* cognoscitiva, pues, como esquema interpretativo y valorativo, posibilita la construcción de realidades como lecturas del mundo y como horizonte de posibilidad de lo real; *2)* práctica, pues desde ella los individuos y los colectivos orientan sus acciones y elaboran su experiencia; *3)* vinculativa, dado que se constituye, a la vez que orienta y sostiene los lazos sociales; y *4)* identitaria, pues aporta los materiales desde los cuales individuos y colectivos definen su identidad personal y sus sentidos de pertenencias sociales (Torres, 2006, pp. 63 y 64).

También podemos identificar algunas cualidades de la subjetividad como son su carácter simbólico, histórico y social, así como su naturaleza vinculante, magmático, transversal y política (Torres, 2006, p. 91). Su naturaleza simbólica implica que no se puede acceder a su comprensión sino a través de los múltiples lenguajes humanos. La racionalidad de la ciencia, con su lenguaje analítico y abstracto, es insuficiente para atrapar la riqueza de las diferentes racionalidades que constituyen la subjetividad, teniendo más potentes para ello la poesía, la literatura, el cine, las artes plásticas, las tradiciones y sabidurías populares.

La subjetividad es siempre de naturaleza contextual e histórica. La subjetividad social e individual está condicionada por estructuras más amplias y procesos de mediana y larga duración, los cuales, a su vez, están sostenidos por formaciones sociales específicas. Como fenómeno sociocultural complejo y dinámico, la subjetividad también posee su propia historicidad. Se hace y se deshace; puede ser transitoria o permanecer a lo largo del tiempo. Por ello, no está sometida a una evolución progresiva o una dirección única.

No es posible considerar la subjetividad como una realidad estática o ahistórica como lo han pretendido algunos estudiosos desde categorías como las del inconsciente colectivo y las mentalidades colectivas. Asumirla en su carácter social e histórica, implica reconocer su carácter de producente y de producida; por un lado, se estructura por múltiples dinamismos que la condicionan; por el otro, es estructurante de dichos procesos sociales, transformándolos y abriendo posibilidades de desenvolvimiento histórico.

La subjetividad es siempre alteridad, es el lenguaje, la historia y la cultura internalizada en cada sujeto. La subjetividad es siempre intersubjetividad; en lo individual están expresándose otras subjetividades. Como lo planteó Bajtin en sus conceptos de polifonía y dialogismo: cuando alguien habla, están presentes muchas voces.

La subjetividad también es de naturaleza vincular, si entendemos el vínculo como esa estructura sensible, afectiva ideativa y de acción que nos une, nos "ata" a otro ser y con la cual el sujeto se identifica. Para Pichon-Rivière (1985, p. 87), el vínculo es la condición material de nuestra constitución subjetiva; para él, la identificación no está planteada como identificación a una imagen, sino a un rasgo de la estructura vincular que incluye modelos de significaciones que luego el sujeto reproduce.

La subjetividad es transversal a la vida social; no está circunscrita a un espacio y tiempo determinados, sino que en ella se condensa diferentes escalas existenciales, espaciales y temporales. Está presente en todas las dinámicas sociales y en todos sus ámbitos: tanto en la vida cotidiana y los espacios microsociales como en las realidades macrosociales, tanto en la experiencia intersubjetiva diaria como en las instituciones sociales que estructuran una época o una determinada formación social. También sintetiza diferentes temporalidades: la subjetividad, como actualización del pasado, es memoria; como apropiación del presente, es experiencia; y como construcción de posibilidades, futuro.

Si bien es cierto que la subjetividad social cristaliza en instituciones, normas, costumbres, rituales y modos de hacer, su naturaleza es magmática, plástica, fluida, indeterminada. Esta elasticidad y fluidez magmática de la subjetividad explica su naturaleza dinámica, cambiante, su vocación liminal y su potencial de creación y novedad (Sánchez Capdequí, 1999, p. 21). Como los imaginarios sociales, la subjetividad no se rige por la lógica identitaria, ni por la causalidad y es difícilmente conocible desde los esquemas interpretativos analíticos, formales, propios de la tradición de pensamiento occidental y de la teoría social clásica (Castoriadis, 2003).

La subjetividad social es política porque es escenario y vehículo de relaciones de poder. Como instituida, a través de ella se legitiman los poderes hegemónicos (Gramsci) y se garantiza la cohesión social; como instituyente, la subjetividad alimenta los procesos de resistencia y posibilita la emergencia de nuevos modos de ver, de sentir y de relacionarse que van contra el orden instituido y que pueden dar lugar a nuevos ordenes de realidad. La obediencia, la sumisión, así como la desobediencia, la rebeldía y las visiones de futuro se incuban en la subjetividad.

3. Epistemología de la subjetividad y los sujetos como perspectiva de conocimiento

La naturaleza estructurada y estructurante de la subjetividad social, así como su carácter simbólico, histórico social, intersubjetivo, vincular, magmático, transversal y político, plantea su irreductibilidad a cánones positivistas y racionalistas, así como la necesidad de otros referentes epistémicos y epistemológicos para su abordaje investigativo.

Desde el positivismo, lo subjetivo no cabía ni en la ciencia –entendida como una actividad racional analítica y procedimental–, ni en su objeto genérico, la realidad social –al considerarse como un orden estructurado objetivamente, regido por la causalidad y el determinismo–, ni mucho menos en el investigador –del que se esperaba objetividad y neutralidad valorativa–. Lo subjetivo se asimilaba al subjetivismo, a lo irreal, a lo imaginario, lo fantasioso y la personalidad individual; en consecuencia, dentro del quehacer investigativo se le consideraba como fuente de error, como "ruido" a ser neutralizado, como lo ambiguo, lo perturbador.

Hoy sabemos que la objetividad, el universalismo, la racionalidad científica y sus procedimientos, así como las teorías y conceptos sociales, son construcciones subjetivas; las prácticas investigativas fueron configurados y están impregnadas de subjetividad social, al igual que todo esfuerzo por pensarla. El supuesto de exterioridad entre sujeto y objeto de conocimiento ha sido cuestionado, en primer lugar, por las propias ciencias de la naturaleza. La física contemporánea ha puesto en evidencia que la observación está siempre condicionada por la posición / momento de la observación, y que en la observación, sujeto y objeto se interpenetran: el sujeto es afectado por el objeto y el objeto es afectado por el sujeto.

En la investigación social, el sujeto investigador forma parte del objeto que investiga: la sociedad; está sujeto a su objeto –ocupa un lugar en la estructura social y es estructurado por la cultura– y su objeto está dentro del investigador como representación y pre-juicio. Sólo si reconoce que "el sujeto es sujetado y el objeto objetivado, por el orden simbólico" (Ibáñez, 1994, p. 14) y activa procesos reflexivos sobre su propia mirada, sobre las estrategias que emplea y sobre el objeto que construye, consideraremos una investigación como cualitativa.

Desde su perspectiva, Zemelman insiste en la "necesidad de sujeto" en la investigación social; no sólo porque se reconozca la presencia de sujetos y subjetividad en la vida social "objeto" de conocimiento; sino porque el investigador debe reconocerse como sujeto, no sólo desde su autonomía intelectual, sino desde su colocación frente a la realidad social como "*locus*" de enunciación y de acción. Ello exige no sólo una posición crítica frente a las *epistemes* instituidas (paradigmáticas, disciplinares, teóricas, normativas, organizacionales, metodológicas), sino principalmente la exigencia de historicidad; es decir, la incorporación del movimiento de lo social presente, la conciencia de sus posibilidades de desenvolvimiento y una praxis consecuente junto a los actores sociales en movimiento.

Al radicalizar este planteamiento, en la investigación participativa que promovemos, no sólo se reconoce a los colectivos y organizaciones como sujetos sociales constructores de realidad, sino también como sujetos de conocimiento, capaces de asumirse como investigadores de sus propias problemáticas sociales.

Así mismo, la exigencia praxiológica de esta perspectiva epistémica exige de los sujetos investigadores y de su propia práctica investigativa, un compromiso con la construcción de realidades y no sólo una explicación o comprensión críticas de las problemáticas. Asumiendo una de las tesis sobre Feuerbach de Marx, investigadores como Orlando Fals Borda hicieron de la transformación social (praxis) una condición y una finalidad de la investigación participativa.

Finalmente, la crítica al carácter monológico de la ciencia social hegemónica, la investigación social crítica (desde Orlando Fals Borda hasta Boaventura de Sousa Santos y Katherine Walsh) le ha apostado al diálogo de saberes, la ecología de saberes y al diálogo intercultural. Ello supone, no sólo reconocer los saberes populares, ancestrales, femeninos y los generados desde las luchas sociales, sino también potenciarlos en su interacción de los saberes especializados y elaborados desde los paradigmas científicos, los cuales también resultan inter-pelados y transformados.

4. Los desafíos metodológicos de estudio de la subjetividad social y los sujetos

Por otro lado, el abordaje de las subjetividades y los sujetos sociales, como campo problemático y perspectiva de conocimiento y de pensamiento, exige la confluencia de diferentes disciplinas, tradiciones teóricas, campos de saber no académico y pluralidad de enfoques metodológicos. La subjetividad más que un problema susceptible de diferentes aproximaciones teóricas, es un campo problemático desde el cual podemos pensar la realidad social y el propio pensar que organicemos sobre dicha realidad.

El hecho de ser asumida desde diferentes ciencias sociales, perspectivas de pensamiento y campos de saber, el primer problema es definir la subjetividad más allá de los límites que imponen los parámetros de cada enfoque, marco disciplinar y cultural, que –por ejemplo– tienden a reducirla a variables psicológicas, a efecto pasivo de determinantes sociales o estructuras lingüísticas y culturales.

Para reconocer el carácter fluido y cambiante de las subjetividades sociales y de las realidades sociales donde se estructuran, y a su vez instituyen, se requiere de una plasticidad y dinamicidad del pensamiento investigativo. Ello no es lo que caracteriza a la investigación social académica desde las ciencias sociales institucionalizadas: su fragmentación y super-especialización disciplinar llevan a ver la realidad social como un campo de objetos ajenos al investigador, que deben delimitarse cuidadosamente de la historicidad que los configuran, para ser abordados, a su vez "objetivamente", desde la combinación de procedimientos e instrumentos empíricos en el marco de los cuerpos teóricos existentes.

Por el contrario, desde la perspectiva de Zemelman, investigar implica una apertura a la complejidad de lo social, la colocación del investigador frente a dicha realidad como sujeto, su problematización desde el reconocimiento articulado de las diferentes determinaciones y potencialidades presentes y el uso crítico de las teorías y repertorios metodológicos disponibles. De ese modo, la "objetividad" no está asociada a la distancia del sujeto respecto al objeto de investigación, sino la puesta en suspenso de las ideologías y teorías previas, para reconocer la historicidad de los campos de realidad a estudiar. Apunta Zemelman:

> Desde este ángulo, la objetividad se puede desdoblar en dos planos: el propio de lo determinado con base en regularidades (empíricas o numéricas), y el que corresponde a las prácticas constructoras de realidades. Ambos planos reconocen sus propias escalas de temporalidad y espacio, cuya conjugación conforma la situación de objetividad de la realidad del problema que se trata de conocer (Zemelman, 2012b, p. 146).

Por otra parte, una preocupación de Zemelman fue "definir un ángulo de construcción de conocimiento que refleje la colocación ante las circunstancias por parte del sujeto en su condición histórica" (2002, p. 9). Por eso insistía que el punto de partida de toda investigación era este posicionamiento del investigador con respecto a su presente y sus relaciones con el campo problemático a investigar. Este último concepto va a ser priorizado por Zemelman, frente al de "objeto", predominante en la investigación social, pues, no sólo enfatiza la imbricación ineludible del investigador frente a lo que va a investigar, sino que evidencia que la construcción de conocimiento (como de pensamiento) exige un esfuerzo de problematización; es decir la "desnaturalización" de la realidad a estudiar y de las lecturas predominantes sobre ella desde los parámetros teóricos, metodológicos e institucionales; por ello, problematizar requiere, principalmente, des-parametrizar la conciencia del investigador.

Con respecto al uso de teorías en investigación, en un primer momento, Zemelman se preocupó por reconocer que todas las teorías, como construcciones históricas, son susceptibles de ser comprendidas como tales y trabajadas en las investigaciones no tanto desde sus contenidos y afirmaciones sobre los campos de realidad en que se produjeron, sino a partir de la reconstrucción de su lógica de construcción y recreación para dar cuenta de las nuevas realidades a las cuales se pretende investigar.

Posteriormente, reconocida la complejidad y singularidad de las realidades sociales, objeto de investigación, propuso que las investigaciones sociales deben partir de reconocer esta historicidad de lo social, para dejarse interpelar por ella y acudir a los conceptos, no como contenidos acabados a ser "aplicados" o verificados, sino como posibilidades de abordaje de dichas problemáticas investigadas. Este pensar "sin contenidos" o abierto a múltiples sentidos, es lo que llamó, en primera instancia, *pensar categorial* (Zemelman, 1992), y luego –por sugerencia de un estudiante suyo–, *pensar epistémico* (Zemelman, 2011, p. 67).

Este desafío metodológico requiere, para Zemelman, "recuperar la imaginación y la intuición, pero sobretodo, recuperar los sentidos de realidad, que no lo da ningún programa de cómputo" (2011, p. 22). Ello implica y exige una apertura en las posibilidades de apropiación de la realidad (no sólo racionales e intelectuales) y de los lenguajes (narrativos, estéticos, argumentativos, imaginativos).

Los presupuestos ontológicos, epistemológicos y metodológicos desde esta perspectiva crítica de comprensión y abordaje de la subjetividad y de los sujetos sociales, también puede sintetizarse en un conjunto de criterios metodológicos, propios de las metodologías participativas desde las cuales hemos realizado buena parte de nuestras investigaciones (Torres, 2014):

1) Una producción de conocimiento que toma distancia crítica con los modos de investigación institucionalizados en el mundo científico, en la medida en que reconoce su subordinación al poder hegemónico (imperial, capitalista, moderno, colonial) y su desprecio por otras formas de saber. Posicionamiento que se entronca en la larga tradición de pensamiento crítico latinoamericano y se nutre de los aportes de las propuestas investigativas participativas que se gestaron desde la década de los setenta del siglo pasado como reacción al modelo de ciencia social que se impuso en el contexto del desarrollismo (Fals Borda, 1970 y 1984).

2) Una producción de conocimiento que se asume como crítica y emancipadora. A la vez que devela situaciones, contextos y estructuras de opresión e injusticia, favorece la transformación de individuos y colectivos y en sujetos autónomos capaces de enfrentar dichas circunstancias adversas y romper las relaciones que las perpetúan. Su opción liberadora también está asociada a su identificación con valores, voluntades y proyectos portadores de nuevos sentidos de organización de la vida colectiva alternativas al capitalismo, bajo la convicción de que "otros mundos son posibles".

3) Una práctica investigativa "localizada". Un rasgo propio de estos enfoques alternativos ha sidó su contextualismo y radical historicidad; es decir, que el punto de partida de toda acción investigativa es el reconocimiento de la realidad histórica en la que se enmarca y a la que se pretende transformar. Por ello, las preguntas que orientan las investigaciones generalmente tiene origen en la interpretación y posicionamiento de los actores locales frente a problemáticas y desafíos compartidos.

4) Una producción de conocimiento articulada a procesos organizativos y dinámicas de acción colectiva emancipadores. En la medida que reconocemos que la emancipación no depende de un acto de voluntad aislada, sino que es un proceso social agenciado por fuerzas que resisten y se oponen al sistema de opresión, nuestras prácticas investigativas son el resultado de acuerdos con colectivos, organizaciones, movimientos y redes sociales que deciden realizarlas como una posibilidad de fortalecimientos de sus opciones y de sus acciones. Esta articulación con prácticas sociales específicas también implica que el conocimiento que se genere tienda a generar transformaciones en las mismas, así como en los sujetos que las agencian.

5) Una producción de conocimiento "nómada" o "liminal" que no se no se define ni se subordina a la lógica institucional de la investigación disciplinar. No por capricho o moda académica, sino por la propia naturaleza de los sentidos que la animan y los problemas de los que se ocupa: su interés emancipador y su intención de comprender para transformar procesos y prácticas sociales singulares impone abordajes que atraviesan fronteras institucionales, epistemológicas y metodológicas. De este modo, las investigaciones que realizamos casi siempre se sitúan entre los mundos académico y popular, entre la producción de conocimiento y la acción política; estar móvil y en los intersticios permite ver y hacer cosas inimaginables e imposibles desde los "centros" de la institucionalidad académica y científica.

6) Una producción de conocimiento colectiva que promueve la participación de los colectivos y organizaciones en las decisiones del proceso investigativo; con ellas se acuerda y define el por qué (justificación) y para el qué de la investigación (objetivos), el qué se va a investigar (el problema) y el cómo hacerlo (metodología), a quienes se involucrará en cada momento del proceso, qué se hará con los resultados; en casi todas las ocasiones, se forma un equipo responsable de la investigación, que asume las corresponsabilidad en la recolección de la información, en su análisis e interpretación, y en la escritura de resultados. Frente a la jerarquización y verticalidad de las prácticas académicas de investigación, estas modalidades de investigación participativa promueven relaciones democráticas entre las diferentes categorías de sujetos investigadores, lo que no significa que desaparezcan las relaciones de poder.

7) Una práctica investigativa que propicia la formación de colectivos de conocimiento. Identificados con los enfoques participativos, nuestras investigaciones involucran como sujetos de conocimiento a personas "del común" que, formando parte de los procesos organizativos con los que se acuerda realizar las investigaciones, deciden participar en los equipos que las llevan a cabo. Para que la participación no se quede en una promesa, se generan condiciones y procesos de formación de dichos colectivos a través de la apropiación del enfoque metodológico y de las estrategias y técnicas que se asumen en cada proyecto.

8) Una propuesta investigativa que se relaciona críticamente con la teoría. En la medida que privilegiamos la historicidad y singularidad de los procesos y emergencias sociales y no la aplicación de marcos teóricos previos, partimos de reconocer los factores y sentidos que estructuran los problemas de estudio y la manera como los sujetos categorizan e interpretan dichas realidades. Una vez hecho el reconocimiento de estas lógicas y significados, acudimos a los referentes conceptuales y teóricos que consideramos pertinentes para profundizar o problematizar la lectura inicial de los hallazgos; de este modo, el uso que damos a lo teórico no es deductivo (adecuar una realidad a un marco interpretativo previo) ni inductivo ("descubrir" las teorías implícitas) sino *transductivo*; es decir, provocando una dialéctica entre la comprensión de lo particular y la interpretación en marcos más generales, lo que permite la creación conceptual y la comunicación a otras realidades similares. Asumimos las teorías como formas de racionalidad surgidas en contextos epistémicos e históricos específicos con la potencialidad de re-crearse para interpretar nuevas realidades (Zemelman, 2004).

9) Una práctica de producción de conocimiento que promueve el "diálogo de saberes". Al reconocer que la pluralidad de dimensiones y sentidos que configuran los procesos sociales y la acción colectiva, no puede ser atrapada desde una sola racionalidad o sistema cultural, nuestras investigaciones procuran la confluencia –casi siempre conflictiva– de diferentes formas de pensar, interpretar y narrar la realidad. Partiendo de los saberes, lenguajes y formas de comprensión propias de los actores sociales participantes, el abordaje de las preguntas que orientan las investigaciones también involucra otras perspectivas y lenguajes provenientes del campo científico, artístico o de las sabidurías ancestrales y populares, que permitan cuestionar y ampliar la mirada del colectivo y generar nuevas lecturas sobre las problemáticas investigadas.

10) Una producción de conocimiento que asume lo metodológico como una práctica flexible. Frente a la racionalidad instrumental de la investigación que privilegia diseños rígidos, estrategias y técnicas estandarizadas, desde nuestra perspectiva, las metodologías son construcciones que deben ser asumidas de una manera crítica y creativa. Ello ha posibilitado que en nuestras investigaciones haya una preocupación permanente por adecuar e innovar las estrategias y procedimientos empleados, en función de la singularidad de los sentidos, sujetos y preguntas que definen cada proyecto; así, por ejemplo, en la recuperación colectiva de la historia hemos creado unos "dispositivos de activación de memoria" (paseos del recuerdo, museos comunitarios, tertulias) que a la vez que provocan relatos sobre los temas, afianzan los vínculos y los sentidos de pertenencia colectivos (Cendales y Torres, 2001).

11) Una práctica de producción de conocimiento reflexiva. Dado que reconocemos la presencia de lo subjetivo en todo proceso de construcción de conocimiento y, por tanto, la imposibilidad de ser "objetivos", nuestras investigaciones acogen el principio de reflexividad; este implica someter a escrutinio crítico cada una de las estrategias, decisiones y operaciones metodológicas, así como la construcción y explicitación de criterios que las orientan. De este modo, la investigación social crítica también puede considerarse como "investigación social de segundo orden" (Ibáñez, 1998), pues es capaz de generar conocimiento crítico sobre sí misma, como lo evidencia nuestra permanente preocupación por sistematizar y discutir nuestro enfoque.

Capítulo 2

Aportes y desafíos metodológicos del pensar crítico[4]

En este texto me referiré a algunos rasgos y desafíos metodológicos de la perspectiva crítica y emancipadora de producción de conocimiento y pensamiento social gestada en América Latina; en particular, desde los aportes de pensadores como Orlando Fals Borda y Hugo Zemelman, siempre en diálogo abierto con otros autores y enfoques críticos gestados en el continente como en otras latitudes.

1. La vuelta sobre la realidad y sobre el sujeto

Un primer elemento metodológico clave, como principio más genérico, es tomar la realidad como punto de partida de lo que hacemos. Implica partir de esa realidad, estar colocado frente a ella. No es la realidad como objeto externo, sino la realidad como desafío hacia unos sujetos que están allí colocados; que están constituidos por ella, a la vez que son, en potencia o en acto, capaces de transformarla. De este principio vienen algunas implicaciones epistemológicas y desafíos metodológicos.

---

[4] Conferencia dada en la escuela de Trabajo Social de la UNAM. México, octubre de 2017.

La primera es lo que llama Hugo Zemelman el *pensar epistémico.* Expresión que evidencia el permanente *desfase* entre la historicidad de la vida social y la ahistoricidad las teorías que se elaboran desde la academia; a la tensión –de la que no siempre se es consciente– entre cuerpos teóricos que se van construyendo y realidades cambiantes. Mientras que la realidad sigue cambiando, transformándose, con dinámicas emergentes que son indeterminadas; lo que pasa en el mundo académico, es que algunos investigadores y pensadores construyen conceptos interesantes para comprender esa realidad, no siempre interesados en elaborar sistemas teóricos; sin embargo, generalmente lo que pasa con sus sucesores y seguidores es que sus esfuerzos se centran en convertir estas iluminaciones en una teorías cerradas, o en el peor de los casos, repiten las elaboraciones de los autores.

De este modo, mientras que la realidad social va cambiando y se va ensanchando, los teóricos van afinando los conceptos y construyendo sistemas teóricos, los cuales, una vez formalizados, se convierten en el "marco" de construcción de problemas relevantes y de la interpretación de los hallazgos; es decir, habiendo nacido de una elaboración reflexiva sobre una realidad histórica, pasan a convertirse en clausuras del pensamiento que a la vez que someten las nuevas realidades, también inhiben la emergencia de nuevas claves o perspectivas para abordarlas.

Esta tendencia, que en muchos expresan la impronta colonialista de las ciencias sociales en nuestros países, fue visibilizada por Orlando Fals Borda en 1970, quien hizo un llamado a construir ciencia propia, y con la cual fue consecuente, pues, a lo largo de su obra investigativa, retomó enfoques teóricos preexistentes, para recrearlos o cuestionarlos, a la vez que construyó nuevos ángulos de abordaje de los problemas y acuñó nuevas categorías como "anfibios culturales" o lo "sentí-pensante". Por su parte, Zemelman abordó esta tensión a través de dos dispositivos: el pensar epistémico, que desafía a los investigadores a priorizar la historicidad de los problemas que aborda, por encima de la "aplicación" de "teorías", y la "lógica reconstructiva de las teorías", que posibilita diferenciar los contenidos y afirmaciones teóricas (que tienden a repetir los investigadores), y los procesos reflexivos y racionalidades como se construyeron, dando preferencia por esto último; en esta clave, Zemelman insistía que el peor favor que le podían hacer los seguidores de un autor es limitarse a repetirlo exegéticamente, en lugar de retomar sus conceptualizaciones para re-crearlas y ensancharlas en el abordaje de nuevos problemas.

Otra implicación metodológica del reconocimiento de la existencia de múltiples racionalidades, cosmovisiones y perspectivas de comprensión de las realidades sociales y de la orientación de las prácticas sociales, es el diálogo cultural –muy fuerte en la tradición pedagógica *freiriana* y en la educación popular y que Fals Borda retoma como diálogo de saberes, inicialmente asumido para dar cuenta del lugar que podría ocupar el saber común, el conocimiento cotidiano en la construcción de conocimiento en las investigaciones sociales, en las que habitualmente se le desprecia o sólo se le toma como información para ser interpretada desde las teorías. Boaventura de Sousa Santos ha retomado esa preocupación a través de la "ecología de saberes" y Zemelman, junto con Estela Quintar, lo han retomado desde sus vínculos con maestros y maestras indígenas en Chiapas y otros estados mexicanos, desde sus conversaciones y reflexiones sobre lo intercultural.[5]

---

[5] Hugo Zemelman y Estela Quintar (2007). *Conversaciones acerca de interculturalidad y conocimiento*. México: IPN, IPECAL.

Una tercera implicación metodológica es lo que Zemelman denominó la "necesidad de sujeto", tanto en la construcción de lo social como en la investigación social. En el primer caso, la transformación social y la capacidad de orientar el rumbo de la historia, en uno u otro sentido, está asociada a la existencia de sujetos con capacidad de hacerlo desde sus praxis; no basta que haya buenas ideas o programas políticos o teorías, debe haber sujetos con voluntad de hacerlo desde sus visiones de futuro y capacidad de actuación. En un plano ético, se requiere de voluntad de ser sujeto, dado que las tendencias hegemónicas más bien procuran minimizar la existencia de sujetos para garantizar su dominación y, en muchos casos, por fuerza de la costumbre, las personas se acomodan a su condición de "no sujetos".

Una experiencia protagonizada por Zemelman nos puede ilustrar esta cuestión del sujeto. En el Contexto de un Foros Social Mundial en Cartagena, en 2002, él y un grupo de estudiantes y profesores la Universidad Pedagógica Nacional (de Colombia), fuimos alojados en un hotel, de la modalidad "todo incluido" (*all inclusive*); como es habitual en esos hoteles, al registrarse, le colocan a quien ingresa una manilla plástica para poder identificar a los huéspedes. Cuando fue el turno de Hugo, él se rehusó y además dijo: "yo no soy un animal para que me marquen de esa manera". Ante su reclamo, finalmente le dieron una tarjeta de identificación. Vemos cómo lo que Zemelman reclamaba es que se le reconociera como un sujeto, en coherencia con su pensamiento.

Otro principio que también quiero destacar es el de *reflexividad*. La palabra alude, en primer lugar, a la condición de la realidad como una dimensión que es reconocida, no sólo el carácter constructivo o indeterminado en la realidad, sino el desconocimiento de ella, pues toca estar haciendo un monitoreo permanente de eso que estamos construyendo, generalmente construido por vías conversacionales. Entiendo que los *círculos de cultura* o los *círculos de reflexión* comparten una misma matriz; o sea, la matriz de donde provienen son los *círculos de cultura* con una mínima inyección, con unas gotas de Jesús Ibáñez, que es sociólogo crítico, quien ha posesionado mucho esa idea de la *reflexividad*.

Es interesante constatar, en lo metodológico, la existencia de una tradición crítica, que también está en lo teórico y lo epistémico, que permite que personas de diferentes generaciones nos identifiquemos con un conjunto de principios y criterios que comenzaron a configurarse desde la década de 1960. Así, desde la generación fundacional que nació a comienzos de siglo (1910 a 1929) y que generaron las primeras propuestas de una ciencia social auténticamente latinoamericana, a la que pertenecen, entre otros, Sergio Bagú, Florestán Fernández, Camilo Torres Freire y Fals Borda, también reconozco una segunda generación nacida en las dos décadas siguientes (Zemelman, Mauro Marini, Bolívar Echeverría); una tercera, para los nacidos en las décadas de 1950 y 1960, y las nuevas generaciones menores de 50 años.

Zemelman nos contó que fue compañero de maestría en FLACSO de Aníbal Quijano; allí tuvieron como profesores a Fernando Cardoso, a Antonio García y a Theotonio Santos. Entonces, estas dos primeras generaciones se cruzaron mucho y se influyeron mutuamente; algunos coincidieron en el exilio durante la noche de las dictaduras militares. Mi generación retoma estos aportes y trata de retomarlos y recrearlos frente a los desafíos actuales; en mi caso, como investigador social y educador popular en la vertiente de Freire, Fals Borda y Zemelman, me hago preguntas como: ¿Qué implica hoy investigar desde esta tradición crítica del *presente potencial*?

Es retomar y ahondar en ese pensamiento, a la vez en diálogo con otros contemporáneos y las nuevas generaciones que viven nuevas circunstancias y traen sus propias preguntas y nuevos modos de ser críticos. Porque, en consecuencia, con este pensar crítico latinoamericano, no podemos quedarnos en repetirlos, en clausurar sus ideas, sino el de hacerlas crecer con apertura crítica, y de cara a las realidades siempre cambiantes.

No debemos convertir esta tradición en una doctrina religiosa. Quien es religioso está en su ámbito, el que quiera estar en el mundo religioso que lo haga; lo que no debemos es convertir una perspectiva epistemológica en una religión. El lugar de que partimos en una investigación, hablando ontológicamente, el punto de partida es la realidad, el punto de partida es el sujeto instalado en una realidad; desde una perspectiva política, podríamos decir todas estas corrientes tienen un núcleo común, y es reconocer, no solamente la *historicidad* del mundo, sino especialmente la *politicidad*.

2. La lectura política de la realidad

Me decía Estela, que está leyendo de nuevo un libro de Hugo que es *De la historia a la política*[6], que creía que, en realidad, en él la política estuvo antes, pues fue lo que lo llevó a repensar sus presupuestos epistémicos, teóricos

---

[6] Hugo Zemelman (1989) *De la historia a la política. La experiencia de América Latina*. México: Siglo XXI Editores, Universidad de las Naciones Unidas (Biblioteca América Latina: actualidad y perspectivas).

y metodológicos; por eso, ese texto debería tener antes entre paréntesis: *de la política,* y luego sí "de la historia a la política". Como lo planteamos en este libro, también en otros pensadores como Paulo Freire y Orlando Fals Borda, su interés –ya sea el investigativo, lo epistemológico o lo pedagógico–, siempre tuvo conexiones con lo político; no entendido en el sentido estrecho de lo partidista o del sistema político, sino en todos los ámbitos donde se ejerce y se subvierte el poder.

A modo de ejemplo, retomemos el caso de Paulo Freire, quien, desde la década de 1950, junto con otros profesionales del nordeste brasileño, identificados con posiciones progresistas dentro de la Iglesia católica, iniciaron un trabajo cultural que buscaba elevar la conciencia política de la gente para defender la frágil democracia frente a la amenaza permanente del autoritarismo. A través del llamado *Movimiento de cultura de base*, iban a zonas campesinas y urbanas pobres, donde a través de acciones artísticas se buscaba que estos sectores populares tomaran conciencia de su papel como sujetos históricos.

En esta búsqueda política encuentran que la mayor parte de estas personas con las que trabajan son iletradas; entonces, había que elaborar una propuesta de alfabetización que pasó a convertirse en toda una filosofía de la educación en manos de Freire y que dio origen, luego a la Educación Popular. Precisamente un principio de esta corriente pedagógica es reconocer que toda práctica educativa es política y toda práctica política es pedagógica. En el caso de Zemelman, recordemos que un punto de inflexión que lo llevó a la construcción de una nueva perspectiva epistemológica y metodológica crítica fue su experiencia en Chile en los años 70; él vivió una coyuntura de cambio político con el gobierno de la Unidad

Popular. Zemelman está allí como investigador, como pensador, y luego, a raíz del golpe, retomará su reflexión crítica durante el exilio.

3. Pensar la realidad desde la experiencia del exilio

Esta experiencia de exilio y producción de pensamiento crítico también había pasado en la educación popular con Freire en su estancia en Chile, y de otros educadores brasileños como Carlos R. Brandão en Uruguay; ahora le sumamos la experiencia de Hugo en México, al igual que una gran cantidad de intelectuales de izquierda de los países del Cono Sur que van a dar al mismo país y donde van a producir buena parte del pensamiento *crítico* latinoamericano durante las tres últimas décadas del siglo XX.

Con toda la profundidad que tiene, no sólo como hecho vivencial, sino porque implica el éxodo y la toma de distancia, que lleva el dolor de uno adentro, que toma distancia no por gusto, sino porque no hay otra alternativa. Pero una vez ahí, a la distancia se pueden ver cosas que no se verían si no se hubiera salido. Lo mismo sucede con Freire; cuando sale de Brasil, pasa por Bolivia dos meses, y luego en Chile es donde escribe *Educación como práctica de la libertad* y *Pedagogía del oprimido*, libros en los que sistematiza su experiencia política y educativa.

En el caso de Hugo Zemelman también se puede encontrar, siguiendo sus publicaciones, estas rupturas que hace durante el exilio; precisamente a raíz de ese balance y toma distancia de los límites epistémicos, teóricos, que tenía la izquierda marxista para dar cuenta de esas transformaciones y potenciarlas políticamente. Ese interés por la política está presente siempre, porque en últimas, el gran desafío no es sólo reconocer que el mundo está en transformación, sino que nosotros podemos darle un sentido u otro a dicha historicidad de lo social. En el presente, en nuestros países, todos estamos quejándonos sobre la corrupción; podemos dudar si esta agenda es la que imponen los medios, y si, de pronto, hay otros problemas de qué preocuparnos, no porque se haya superado la corrupción, sino porque, como colectivo social, queramos construir nuestra propia agenda, un propio futuro.

En Zemelman hay un elemento clarísimo que es el *rescate del sujeto,* no sólo en la investigación, sino también en la política, como posibilidad de *historicidad.* La posibilidad de dar otros rumbos y generar otros futuros posibles, pasa por la existencia de los sujetos individuales y colectivos, que puedan construir proyectos, y pasa también por establecer vínculos, construir articulaciones y tener más fuerza; todo eso es lo que está latente, toda esa serie de posibilidades es la otra cara de lo que somos para el sistema. Zemelman habla de la necesidad de visiones de futuro, de utopías; Freire, habla de lo *inédito viable,* de sostener, desde la práctica, una esperanza; en uno de los últimos trabajos de Freire, *Pedagogía de la indignación,*[7] están estos temas en la óptica de la potenciación de los sujetos históricos.

Algunos estos intelectuales de esas primeras generaciones conservaron y renovaron su ímpetu subversivo, tales como Paulo Freire, Aníbal Quijano, Orlando Fals Borda y Hugo Zemelman, quienes continuaron en la década de 1990 y comienzos del nuevo siglo, pensando y construyendo a contracorriente. Si uno mira todo este mundo académico, cuando algunos hicimos los

---

[7] Paulo Freire (2006). *Pedagogía de la indignación. Cartas pedagógicas en un mundo revuelto.* Madrid: Morata.

doctorados en los 90, muchos centros, universidades o programas que tenían tradición crítica, se fueron desdibujando y acomodando. Entonces, estos pensadores que están ahí, permanentemente planteando ese sentido de transformación, de emancipación, sosteniendo que son posibles otros mundos desde la indignación creativa frente al orden dominante. Estas persistencias contrastan con lo que pasó con otros intelectuales que se asumieron como críticos en los 60 y los 70, pero cuando se dio la crisis del socialismo soviético, los tránsitos democráticos y la imposición del pensamiento único neoliberal, fácilmente se convirtieron en defensores del capitalismo y de la democracia liberal.

Una especulación muy personal, es que a Zemelman le tocaría escribir otro libro, que sería *De la historia y la política a la pedagogía*. ¿Por qué? Porque los planteamientos epistemológicos y metodológico de Zemelman calaron menos en el mundo de los sociólogos, que en el mundo de los educadores populares y los maestros de escuela. Hay un sujeto colectivo con el que recientemente fue intensificando su interlocución que fue el gremio del magisterio. Tal vez en estas últimas décadas, creo que habría que revisarlo hasta cuantitativamente, las últimas cien charlas o conferencias de Zemelman, quienes fueron sus interlocutores fueron los educadores. Fue en ese mundo de los maestros, en la formación de maestros, sin que excluyera a nadie, donde sus ideas fueron ganando más acogida. Por ello, no ha sido indiferente su vínculo personal con Estela Quintar quien es una educadora y una pedagoga, que seguramente estuvo conversando mucho con él.

4. Potenciación de los lenguajes frente a la colonialidad

Un elemento clave es que esa producción de saber y conocimiento pedagógico desde la reflexión sobre las prácticas pasa, necesariamente, por la multiplicidad de los lenguajes. Esta vía de ampliar las narrativas cobra cada vez más fuerza, como un puente entre la experiencia, que no puede ser atrapada por teorías, sino que necesita ser contada, ser narrada, y que, en nuestras conversaciones, se van construyendo tramas narrativas, en las cuales nos reconocemos como sujetos y, a su vez, comprendemos mejor y lo potenciamos.

También hay otro elemento común entre la tradición de la educación popular y el pensamiento de Zemelman, que es la *potenciación del sujeto*; porque el reconocimiento de todo lo que he dicho, repercute en la formación y transformación de los sujetos individuales y colectivos. La formación es siempre *formación de sujetos* en todas sus dimensiones y potencialidades para colocarse frente al mundo y atreverse a transformarlo.

Hay otro hecho interesante que muestra el colonialismo por el cual estamos atravesados, y es que algunas personas dicen: "La educación popular es la aplicación en América Latina de la pedagogía crítica anglosajona en nuestro medio", o que la Investigación Acción Participativa "es la aplicación de la ciencia social crítica de Habermas". En Colombia, por ejemplo, existe desde hace más de 30 años una maestría en "Desarrollo social y educativo" que es el resultado de un convenio entre el CINDE y la Universidad Pedagógica Nacional. Dos filósofos jesuitas, Guillermo Hoyos y Carlos Eduardo Vasco, llevaron a Colombia la clasificación de las ciencias sociales expuesta en *Conocimiento e interés*: ciencias empírico analíticas, ciencias histórico hermenéuticas y el paradigma crítico social.

Así, cuando iban a ver la realidad, decían "el paradigma crítico", y se referían a la escuela de Frankfurt, y cuando se veían las metodologías, decían: "la IAP es la aplicación del paradigma crítico", o sea, Fals Borda fue un aplicador se esas ideas foráneas en América Latina. Siguiendo esa tendencia de pensamientos, alguien podría decir, entonces, que lo que hizo Zemelman fue "aplicar a Castoriadis". Todo eso implica una sospecha sobre esa mirada colonial que aún tenemos, para la cual sería imposible tener planteamientos o propuestas propias.

5. Necesidad de la crítica en la investigación

Entonces, ¿dónde está la crítica? En un artículo, para la revista *Nómadas*, de la Universidad Central en Colombia, escribí un artículo, *Producción de conocimiento desde la investigación crítica.*[8] Ahí hago una autobiografía muy ligada a la relación con Zemelman, pero comenzando a narrar desde niño. Ahí afirmo que me hice crítico por mi papá; con los consejos que me daba, con los comentarios que hacía cuando veíamos los noticieros o leíamos la prensa los domingos, me ayudó a sospechar de la visión de las élites dominantes.

Así mismo, la crítica en general no podemos asociarla sólo a una corriente de pensamiento (el marxismo o la Escuela de Frankfurt). A grandes rasgos, podemos señalar que el uso de la palabra crítica comenzó desde el siglo XVI con la interpretación de textos; precisamente

---

[8] Alfonso Torres Carrillo (2014). "Producción de conocimiento desde la investigación crítica", en *Nómadas*, núm. 40, Universidad Central, pp. 68-83.

la Reforma Protestante, introdujo la idea de que todo el mundo puede tener acceso a la lectura de la Biblia y por ello en estos países protestantes, por su propia cuenta, superaron el analfabetismo. Pero con esta democratización de la lectura de los textos sagrados, vino la pregunta: ¿cómo interpretarlos correctamente?

La palabra *crítica* estaba primero ahí, era la crítica externa e interna a los textos, para mirar si eran auténticos y si el sentido que tenían ciertas palabras y expresiones de la época pueden ser traducidos a los contextos presentes; ya esto era la crítica interna, que después va a desembocar en toda la hermenéutica, o sea, aprender a leer un texto y leerlo bien.

Luego, ya en el siglo XVIII, con Kant, la crítica asume esa capacidad racional de sospecha de todo; por eso hubo una crítica epistemológica a la ciencia naciente, o una crítica a la moral y otra a la estética. La crítica llega a su apogeo en Marx para quien la crítica no es sólo intelectual sino ideológica y política, y que no se limita al conocimiento, a la ciencia, sino se hace una crítica a la sociedad en su conjunto, una crítica social.

En el siglo XX, la crítica va a tener continuidad en la tradición marxista en sus diferentes tendencias; dicha tradición, en ese contexto puso el acento en la crítica al positivismo epistemológico, en la crítica a la política capitalista; pero también dentro del marxismo hubo (y hay) posturas ortodoxas, dogmáticas, acríticas, pues la crítica no es algo que se garantiza sólo con tener un autor o un enfoque teórico de cabecera.

No basta decir: "Si leo a Fals Borda o a Zemelman, me volveré crítico", porque la crítica no se sostiene así. Eso es lo que pasó con el marxismo, que dejó de ser una fuerza crítica y se volvió incluso una fuerza institucional en la academia de la Unión Soviética y los países bajo su influencia. Es necesario un buen sentido emancipador-crítico, como fuerza crítica instituyente, pero también de cierre. Entonces, asumimos por crítica, siguiendo a Foucault, esa actitud que permite poner en evidencia lo que hay de poder en el conocimiento, y lo que hay de conocimiento en el poder; entonces, la actitud crítica es una insumisión permanente frente a eso que aparece como dado, como establecido.

Si asumimos eso como cierto, entonces podemos afirmar que la crítica no está solamente en un hemisferio, ni tiene un solo lugar de origen inicial, ni está sólo en el ámbito académico. No está sólo en la filosofía, ni en las ciencias sociales, sino también podemos reconocerla en diferentes campos del conocimiento y de las prácticas sociales. Así, surgen muchas posturas críticas en las prácticas artísticas, en el campo educativo y eclesial, en la comunicación y en las múltiples prácticas de resistencia y lucha social que están presentes a lo largo y ancho del planeta. Lo que hay que aprender es a reconocer esos sentidos críticos que no se expresan en grandes elaboraciones conceptuales, sino en sus saberes y prácticas.

6. Las claves metodológicas
para intervenir en la realidad

En América Latina, por una serie de circunstancias, entre los años 60 y 70, en varios campos tanto académicos, intelectuales, sociales y culturales, nacen perspectivas críticas que respondían a clamores del contexto y a la voluntad de colectivos sociales que asumieron como un desafío pensar y hacer las cosas de otro modo. Por ello, la clave es preguntar sobre los contextos de emergencia de esas críticas, ¿a qué están respondiendo?

En el mundo académico e intelectual es lo normal que se diga: "yo ahora soy crítico porque me leí este libro o autor crítico". No, todas estas emergencias surgen por preguntas propias, en contextos específicos, y ahí sí, como decía Zemelman, con voluntad e ímpetus propios que se alimenta de lo que cada uno está hecho. Si Fals Borda estaba haciendo esa crítica a las ciencias sociales, ¿él que tenía a la mano? Tenía su formación de ciencias sociales, y lo que fue leyendo. Todo eso da para un estudio que está por hacerse, sobre qué pasó en los años 70, porque fue la coyuntura en América Latina donde más aportes teóricos ha habido, con mayor incidencia extra continental.

Los principales aportes de América Latina al pensamiento, a las ciencias sociales, a la pedagogía a nivel mundial, se han hecho desde estas voces críticas. El autor más citado en tesis doctorales europeas es Paulo Freire; eso lo dice Abraham Magendzo, un investigador educativo chileno. En cambio, acá estamos buscando qué autor europeo o norteamericano citamos para rellenar las tesis. Así mismo, si a alguien conocen de América Latina en la sociología de Europa, es a Fals Borda; en filosofía a Enrique Dussel y en teología a Leonardo Boff. Ahí está el colonialismo que tenemos, porque a menudo se cree que la circulación de teorías y metodologías válidas debe ser únicamente en dirección norte-sur. Por ello, nuestras universidades están llenas de expertos en Marx, en Foucault, en Deleuze o en Bourdieu; pero no se lee a autores latinoamericanos.

Para Freire, antes del texto está el contexto; también podemos decir que este principio es *zemelmaniano;* o sea, que hay que leer a los autores y a nosotros mismos en relación con el contexto, pero no solamente es el contexto geográfico donde estamos parados; sino el contexto político en el que actuamos (o actúa el poder en nosotros), ello implica leer el *yo social*, poder leer cuál es mi posición, es decir, cuál es mi colocación frente a la realidad histórica en la que vivo.

También estos autores crean y reelaboran conceptos; acuden a lo que en cada momento es lo más avanzado del pensamiento. En ese sentido, también un Zemelman, un Freire, un Fals, un Dussel, van construyendo los conceptos, precisamente sobre lo nuevo que quieren decir, porque esa potencia crítica ya no cabe en las palabras existentes. Hay que meterlas; pero, no es crear por crear palabras, porque es frecuente también, entre muchos de estos autores que vienen del norte, suponer que entre más enredados, más prefijos hay que utilizar. Como decía Zemelman, "no es inventarse palabras", sino generar claves de lectura originales que permitan ver cosas que no se ven con las otras claves que ya existen.

Podríamos decir: en la tradición del pensamiento crítico latinoamericano hay un diálogo con el pensamiento crítico que viene de otros lados, pero no podemos concebirla como una aplicación de algo que nos viene del Norte; esto lo he puesto de presente en las relaciones entre educación popular latinoamericana y las pedagogías críticas; la primera, tuvo muchas resistencias en las Facultades de Educación de las Universidades, pero la segunda fue recibida con beneplácito por su origen anglosajón; algunos profesores empezaron a decir: la Educación popular es la pedagogía crítica latinoamericana. ¡No!, son dos corrientes hermanas con un origen común: Paulo Freire. El mismo Peter McLaren lo dijo, precisamente en una entrevista que le hicieron en Bolivia. Un periodista le dijo "Que pena doctor McLaren, como los libros de ustedes no se consiguen, nosotros, acá no tenemos pedagogía crítica", y él respondió: "Ustedes la tienen desde antes que nosotros: es la Educación Popular". Los pedagogos críticos se formaron oyendo, leyendo y conversando con Paulo Freire, cuando estuvo como profesor en sus universidades.

7. Boaventura de Sousa Santos y las epistemologías desde el Sur

También es el caso de otros autores no nacidos en Latinoamérica como Boaventura de Sousa Santos, pero cuya obra no podría entenderse sin sus vínculos con este continente. Es un intelectual portugués que venía del campo del derecho, en el cual también desde los años 70 del siglo pasado empezó a hablarse de un derecho alternativo, incluso antes del pluralismo jurídico. En un primer momento, el impulso consistió en cómo pasar de un derecho alternativo al derecho institucionalizado. En la mayoría de los países de América Latina hubo eso, haciendo un derecho alternativo, para volverlo una herramienta, un arma para la defensa de los derechos humanos. En ese mismo ámbito, se empezó a reconocer la crítica al derecho mismo y, en el caso de Boaventura, que al mismo tiempo está en el campo de la sociología, fue elaborando su crítica a las ciencias sociales en su conjunto, así como a proponer la emergencia de unas *epistemologías del Sur*.

Los primeros escritos de Santos que se publicaron en español fueron en Colombia. El libro *De la mano de Alicia*,[9] y antes otros textos editados por un centro de derecho alternativo, el ILSA. Sale a la luz también el

[9] Boaventura de Sousa Santos (1998). *De la mano de Alicia. Lo social y lo político en la posmodernidad*. Bogóta: Siglo del Hombre Editores, Ediciones Uniandes.

libro *Epistemología del Sur*,[10] una antología que hace José Guadalupe Gandarilla para el público mexicano y latinoamericano, donde reúne un conjunto de textos de que no se conocían. Entonces, me refiero un poco a esos primeros trabajos de Boaventura, en esta crítica a la ciencia moderna, porque él obviamente se ubica como parte de una tradición moderna, pues que él reivindica, un poco igual que Dussel y Habermas, que la Modernidad tiene dos caras. Por un lado, la Modernidad es regulación y control; pero, por otro lado, contiene la promesa de emancipación humana, y la ciencia está atravesada por dicha tensión. Por esto, para él, es posible que pueda plantearse un derecho alternativo desde esa apertura, como también unas epistemologías alternativas.

Diría yo que encontrarse ahí, en el intersticio, es un mérito de Boaventura de Sousa. Por lo menos, de lo que conocí de su trabajo en Colombia, me queda muy claro que su vinculación y cercanía a procesos sociales, es lo que lo conecta con Fals Borda y con estos pensadores latinoamericanos que se han ubicado en las fronteras del mundo académico y el mundo de las luchas sociales, interconectándolos. Ese lugar de cercanía con prácticas sociales emancipadoras nos vuelve a confirmar lo que afirmé sobre la crítica: lo más importante es *leer* la sociedad en cada momento, especialmente para las críticas que la gente común y corriente realizan, desde sus luchas, desde sus resistencias. Crítica en la que los intelectuales tienen la posibilidad o la capacidad de recuperar, luego la recrean y la vuelven conceptos, y luego teorías en diálogo con lo existente. Entonces, en buena medida, un mérito de Boaventura de Sousa, es haberse

---

[10] Boaventura de Sousa Santos (2009). *Una epistemología del sur. La reinvención del conocimiento y la emancipación social.* México: Siglo XXI, CLACSO.

incorporando y haber enriquecido su perspectiva en un diálogo permanente con lo que se produce desde el Sur, lo que viene de abajo.

Él mismo ha hecho esa reflexión cuando se pregunta: "Bueno, ¿por qué yo soy así?". Boaventura, va y vuelve, entre Estados Unidos y Portugal, entre el norte y el sur; entre el alto mundo académico de Estados Unidos y Europa y sus interlocución y trabajo permanente con investigadores y movimientos sociales de América Latina y África. Él mismo ha señalado que ser de Portugal – como Saramago– lo hermana con el Sur global, porque como Boa lo señala: "Portugal, Grecia, España, somos la periferia a su vez de Europa". Por esto, siguiendo el ejemplo de Santos, un buen ejercicio que hacen ustedes en los *círculos de reflexión*, es preguntarse: "¿por qué yo soy así? ¿Cómo y por qué me hice crítico y rebelde?".

Desde la panorámica histórica que he venido esbozando, queda claro que el aporte de Boaventura de Sousa Santos forma parte una tradición más grande y abarcadora que se relaciona con la crítica a las ciencias sociales existentes. Recuerden que primero con *La sociología de las ausencias, sociología de las emergencias*, su crítica inicialmente era al campo disciplinar de la sociología, que luego fue ampliando al conjunto las ciencias sociales y finalmente a toda la racionalidad moderna y colonial del conocimiento europeo y occidental (coincidiendo y discutiendo con el grupo modernidad/colonialidad). Podríamos decir que construye un camino propio, con otros resultados, que inicia de una crítica a una disciplina particular –la sociología– para llegar al cuestionamiento de la racionalidad del conocimiento occidental en su conjunto; así mismo, como buen exponente de la tradición crítica latinoamericana, no se queda en la discusión, sino que reconoce y propone, desde las prácticas emancipadoras, que otro conocimiento emancipador es posible. Este ejercicio de reconstrucción de la configuración de lo crítico en América Latina, tomando como referencia a algunos pensadores representativos, puede ser útil porque va visibilizando o tejiendo vínculos y así la telaraña podría crecer y envolvernos; pero, para que esto sea más eficaz, lo que debemos hacer es un ejercicio similar en relación con cada uno de los campos académicos, profesionales y sociales desde donde venimos y actuamos: reconocer cuáles han sido sus preguntas y cómo nuestros problemas de investigación forman parte de esa telaraña.

En cada caso hay que mirar cuáles son las ideas y sentidos que han influido; en unos casos, confluencias entres Fals y Zemelman; en otros, confluencias entre Zemelman y Freire; en otros entre Santos y todos los anteriores, etc. Pero no es sólo un ejercicio académico, sino en función de nuestros propios problemas y desafíos prácticos. No es volver a lo que hemos criticado: a una relación dogmática y doctrinal con estos pensadores críticos. Ellos nos sirven para ayudarnos a preguntarnos mejor y para resolver nuestros propios problemas, en nuestros propios contextos, desde nuestros propios deseos, desde nuestras propias visiones de futuro; y lo "propio" no es algo individual sino colectivo, donde cada uno lleve su propio Zemelman, su propio Fals y su propio Freire en su corazón.

8. El conocimiento
como desafío educativo y político

Los que estamos también en el campo de la educación, o nos formamos como educadores, tenemos, además de las preocupaciones epistemológicas, un gran desafío que tiene que ver con cómo los chicos y las chicas o los adultos con quienes trabajamos se conocen y vinculan mejor entre ellos, a la vez que se apropian críticamente de sus realidades para transformarlas. Es un desafío pedagógico y político que, a su vez, ha generado todo un campo de acción e investigación educativa, por el que han hecho presencia diferentes tradiciones de pensamiento o paradigmas.

Por ejemplo, cuando yo me formé para ser profesor (licenciado, nos dicen en Colombia), a finales de los 1970 e inicios de los 80, el paradigma dominante era la tecnología educativa, sustentada en el conductismo. Las políticas públicas curriculares que se impulsaron en ese periodo eran las del aprendizaje entendido como cambios de conducta, observable y verificable; por ejemplo: "el estudiante localizará tres capitales de departamentos de Colombia". En la Universidad veíamos más psicología conductista que pedagogía.

En ese contexto, a lo largo de la década de 1980 y de la siguiente, el constructivismo empezó a ganar prestigio, como una crítica al conductismo; sus fundamentos se alimentaban tanto de la psicología cognitiva como de la epistemología. No olvidemos que Piaget, antes que psicólogo, fue epistemólogo; a él se reconoce como el creador de la epistemología genética, cuyos planteamientos fueron llevados a la educación y la psicología. Podríamos decir que, esa perspectiva era un avance, en la medida en que elabora una teoría sobre cómo opera la cognición, lo cual contrasta con el conductismo para el cual aquella era una "caja negra"; sólo le interesaban las conductas observables. A mi juicio, el conductismo en educación representó un paso atrás con respecto a los desarrollos de las pedagogías activas o "escuela nueva" que desde el siglo

XIX propusieron otras maneras de educación, basadas en la participación activa de los estudiantes.

A propósito, les recomiendo un libro del caricaturista Rius,[11] quien fue un gran educador popular desde sus cómics y libros ilustrados; hace unos días, buscando libros de este autor para llevar como regalo a Colombia, encontré uno que se llama *La dizque reforma educativa*.[12] Fue un libro que empezó a escribir con la primera reforma educativa del neoliberalismo a comienzos de 1980 hasta la víspera de la actual reforma que están sufriendo ustedes en México. Ahí, al final, dedica varias paginitas a presentar rigurosamente qué es la pedagogía activa de una manera clara y profunda.

Desde sus orígenes, estas alternativas parecían interesantes, porque rompían con las monotonías del verbalismo memorístico y la relación vertical entre profesores y estudiantes y entre éstos y el conocimiento. El constructivismo también aparecía como con un gran aporte, porque había una sustentación psicológica y epistemológica de que el conocimiento no es una reproducción o una transmisión sino una construcción. No se trataba de enseñar información sino de formar estructuras mentales y la adquisición de herramientas intelectuales para que los estudiantes construyan conocimiento; eso fue un aporte que posibilitó el desarrollo de lo que hoy se conocen como ciencias cognitivas, dado que, gracias a ellas, hoy tenemos una lectura más rica sobre cómo conocemos, cómo entendemos, cómo comprendemos.

---

[11] Eduardo del Río García (1937-2017) es un caricaturista y escritor mexicano dedicado a la difusión de diversos temas como la política, filosofía, historia de México y América Latina, salud, contaminación, entre otros.

[12] Rius (2015). *La reforma dizque educativa*. México: Grijalbo.

Sin desconocer sus aportes, un cuestionamiento que hacemos al constructivismo desde la educación popular es su excesivo psicologismo, que lo lleva a minimizar o desconocer tanto las mediaciones culturales presentes en los procesos de producción y circulación de conocimiento, como de las relaciones de poder que atraviesan todo proceso educativo. Lo que le falta a esta corriente es lo que sí está presente en Freire, Fals Borda, Zemelman y Boaventura de Sousa Santos: lo crítico. Esto que hemos dicho que es lo crítico.

La crítica es ese reconocimiento del entrecruzamiento entre conocimiento y poder, que va más allá de lo ideológico incorporando la misma formación de sujetos; por un lado, podemos ser sujetos sujetados a las estructuras sociales y culturales del poder hegemónico; a la vez, nos hacemos sujetos en la media que tomamos conciencia de estas ataduras y luchamos por desatamos de las mismas, desde otros sentidos de vida y opciones de futuro. Pero precisamente la apertura de pensamiento que nos proponen Freire, intuitivamente, o Zemelman, más insistentemente, al reivindicar la subjetividad como categoría pedagógica y política, contiene elementos cognitivos, pero también otras capacidades e instancias que como humanos nos permiten apropiarnos y representar la realidad como las emociones, la voluntad y la imaginación.

9. Contexto, narrativas y emancipación

Ahora quiero detenerme en un criterio en el que insiste esta tradición de pensamiento crítico, representada en autores como Freire y Zemelman. Se trata de la prioridad que adquiere nuestra realidad y las propias preguntas que nos hacemos frente a ella, con respecto a las teorías y a los autores; es la tendencia predominante en el mundo universitario, según la cual, profesores e investigadores de antemano se identifican con un autor o una teoría para, desde estos referentes, formular sus problemas de investigación. Nosotros insistimos en que la vía es otra: son los contextos y las preguntas que nos hacemos frente a ellos, desde el cual acudimos a autores y teorías. Es la "apertura a la realidad" en la que insiste Zemelman desde su propuesta de *pensar epistémico*.

Esta prioridad del contexto sobre el texto no implica desconocer que los textos también nos constituyen como humanos y median nuestra lectura del contexto. No los textos teóricos y la argumentación analítica, sino los textos narrativos. En particular, los relatos que están presentes en todas nuestras prácticas: las narraciones literarias, visuales y sonoras presentes en los mitos, las leyendas, los cuentos, la poesía y las novelas, pero también en el cine, la música, etcétera. Roland Barthes, un lingüista francés que se ocupó a profundidad de lo narrativo, afirma que "el relato comienza con la historia misma de la humanidad; no hay ni ha habido jamás en parte alguna un pueblo sin relatos; todas las clases, todos los grupos humanos, tienen sus relatos tienen cuentos, tienen relatos, tienen narración".[13] Así, uno de los rasgos que nos caracteriza y nos hace humanos, además de la comunidad donde podemos ser con otros, es el lenguaje, es que hablamos con otros, conversamos, nos comunicamos.

Entonces es este lenguaje humano, narrativo, el que hay que rescatar en la investigación y en la acción política. En cuanto a lo primero, la comprensión de la vida

---

[13] En *Análisis estructural del relato* (1974). Buenos Aires: Tiempo Contemporáneo, p. 9.

social pasa, no sólo por el lenguaje formal, abstracto de las teorías, sino, principalmente, por los lenguajes narrativos. La política, como construcción de realidad y comunidad, tampoco puede limitarse al lenguaje formal del discurso político, sino que debe incorporar las narrativas que mueven emociones, generan identificaciones y construyen sentidos de comunidad.

Entonces, esa palabra viva es la que hay que defender y potenciar en el rescate del sujeto y de la subjetividad al que nos invita Zemelman. A juicio de Barthes, el relato, por estar presente en todas las culturas, es más universal que las teorías, tan importantes en el mundo occidental moderno. A pesar de ello, las teorías se volvieron las reinas y las diosas en el mundo investigativo y, al convertirse en la forma privilegiada de lenguaje, en discurso hegemónico; hay entonces una pérdida de sentidos de lo social al desconocer estos otros lenguajes narrativos.

Esta apertura del pensamiento a través de las narrativas y la imaginación me autorizan para sugerirles una nueva clave para interpretar los aportes de un pensador como Hugo Zemelman. Podría ser una bonita tesis de alguno de ustedes, empezar a visibilizar, los aportes educativos y pedagógicos de nuestro querido maestro. Ya lo hemos hecho con personajes como Orlando Fals Borda a quien lo asociamos con la investigación acción participativa o con la sociología crítica, con la sociología de la liberación, y no como educador; sin embargo, al leer su trayectoria e ideas, encontramos una dimensión formativa y pedagógica muy fuerte. Lo mismo, habría que hacerlo con Zemelman al abordarlo en clave pedagógica.

El profesor y educador popular brasileño Danilo Streck ha hecho un esfuerzo muy bonito, al publicar un libro titulado *Fuentes para una pedagogía latinoamericana,* en el cual incluye autores explícitamente pedagógicos como Gabriela Mistral, y también otros que no son reconocidos como tales, pero que pueden ser abordados en clave de educadores y pedagogos, como es el caso de los colombianos Camilo Torres y Fals Borda. Así, para una próxima edición, se puede incluir un texto, escrito por cualquiera de los presentes, sobre *Zemelman como pedagogo*; esto implicaría el esfuerzo de leer en esta clave y de producir un texto que dé cuenta de ello.

Esta posibilidad, de ver a nuestros pensadores críticos también como pedagogos, también nos lleva a reconocer que el pensamiento crítico no está sólo en pensadores o en cuerpos teóricos; sino que también debemos reconocerlo en otras prácticas intelectuales y sociales. Por ejemplo, algunos investigadores identificados con las posturas decoloniales están yendo a buscar prácticas sociales y culturales –actuales y pretéritas– de los pueblos ancestrales de América Latina, claves de crítica decolonial. Y debemos aprender a reconocer estos aportes críticos que muchas veces no están elaborados formalmente, sino expresados en prácticas culturales.

Un ejemplo –y con eso termino–, ahora en la universidad en la que laboro, estamos en una lucha, en que se supone deberían estar todas las otras universidades públicas, contra la *desfinanciación* por parte del Estado de las universidades públicas y, como correlato, la exigencia al gobierno que amplíe el presupuesto para las universidades. Desde comienzos de este siglo, el gobierno de Álvaro Uribe presionó a las universidades para que ampliaran su cobertura, bajo la amenaza de disminuir el presupuesto y la promesa de que en la medida en que mostraran aumento de estudiantes, aumentaría el presupuesto. Los rectores cumplieron con esa exigencia, aumentando –en muchos casos duplicando– el número de estudiantes; pero el gobierno no cumplió lo prometido.

De este modo, se agudizó el déficit presupuestal al punto de poner al borde de la crisis a algunas universidades.

De ahí para acá, los costos de las universidades aumentan a ritmo geométrico y el aporte del gobierno a ritmo aritmético, empeorándose el déficit y poniendo en riesgo la sostenibilidad de las universidades públicas. Para completar, en el gobierno actual (Juan Manuel Santos) su política de apoyo a la educación superior –en coherencia con la doctrina neoliberal– no ha sido aumentar el presupuesto o financiar a las universidades, sino dar unas becas individuales a unos pocos estudiantes de estratos populares bajos, para que estudien en universidades "de prestigio", acreditadas por el Ministerio de Educación Nacional.

Dicho programa, que se llama "Ser pilo paga",[14] ha sido muy publicitado en medios, presentándose como un generoso gesto hacia los pobres con méritos, pero en verdad, su objetivo es entregar dinero público a algunas universidades privadas. Se escogen unos pocos chicos pobres y se le dice "escoge la universidad que quieras". ¿Y cuáles van a escoger? Las privadas más caras; entonces, el gobierno les paga el costo de la matrícula a dichas universidades, las cuales, además, han encarecido más las matrículas de esas carreras a las que ingresan estos becados. Como lo demostró un profesor de la universidad que más se ha beneficiado con dicho programa (de la cual salió la propuesta y de la que han egresado varios ministros), ésta ha recibido más recurso del gobierno que muchas universidades públicas.

Así que frente a esta flagrante injusticia se han venido movilizando los estudiantes este año. Cuando

---

[14] "Pilo" es una expresión coloquial que en Colombia significa "sobresaliente, destacado". Al igual que "paga" que significa "vale la pena" y a su vez "entregar dinero".

estábamos preparando una movilización y acordando las consignas por la defensa de la universidad pública y por la autonomía universitaria, se llevó a cabo un debate y se acordó centrar la atención contra el programa "Ser pilo paga". Había que crear una consigna que pusiera en evidencia lo que había detrás de ese programa que los medios presentan como una oportunidad para los más pobres. De pronto, unos chicos dicen, "Tenemos la consigna: *Ser pilo no paga, si lo público se acaba*". Es muy potente porque, además de usar el mismo lenguaje coloquial expresa que no estamos en contra de que hubiera políticas que apoyen diferencialmente, si eso no va en contravía con la educación pública en su conjunto.

Este ejemplo confirma la infinita creatividad de la gente cuando se moviliza; que, en algunos casos, dentro de los movimientos y luchas sociales, la imaginación creadora se logra sintetizar en un símbolo, en una consigna, unos sentidos muy fuertes, que sensibilizan y conmueven hasta a quienes no participan de ellos. Esto fue lo que pasó en esta ocasión; muy pronto, en las imágenes de las marchas, en las noticias sobre la movilización y en las charlas cotidianas, la consigna "Ser pilo no paga, si la universidad pública se acaba" fue calando en la opinión pública, dándole un respiro y reconocimiento al movimiento que venía siendo estigmatizado por el gobierno.

De acá derivo una enseñanza para nosotros como educadores e investigadores sociales: debemos estar siempre muy atentos, no sólo a lo que dicen los autores y los libros, sino también a las realidades emergentes en nuestro presente histórico. No dejar de preguntar ¿qué de lo que está pasando, nos permite reconocer nuevos ángulos de lectura de realidad?, ¿qué podemos aprender de estas acciones colectivas y luchas de resistencia? Como insistió Freire, antes del texto está el contexto: antes de leer los libros hay que leer nuestras propias realidades y preguntar a los contextos. Dicha sugerencia ya la hacía Don Simón Rodríguez desde la primera mitad del siglo XIX:

[…] los acontecimientos irán probando,
lo que es una verdad muy obvia:
la América no debe imitar servilmente,
sino ser original.
(*Luces y virtudes sociales*,1840)

¿Dónde iremos a buscar modelos?
La América española es original.
Originales han de ser sus instituciones y su gobierno
y originales los medios de fundar uno y otro:
o inventamos o erramos.
(*Sociedades americanas*, 1842)

CAPÍTULO 3

La educación popular como concepción pedagógica y de pensamiento crítico[15]

El germen de la educación popular en América Latina puede rastrearse en la figura de Simón Rodríguez y sus aportes pedagógicos revolucionarios después de la independencia de España, en el albor de las repúblicas americanas; incluso, algunos personajes, como Antonio José de Sucre, no gustaron de sus ideas y, por eso, una vez que murió Bolívar, lo marginan. En su vejez quien lo acoge por un tiempo fue Manuelita Sáenz, a su vez discriminada y empobrecida; ella, al final de sus días, vivía de coser, y Don Simón Rodríguez, de fabricar velas; irónicamente decía: "yo que quería llevar las luces de la razón, terminé haciendo velitas, lucecitas".

Además de esa experiencia inicial de la educación popular –y que influyó en el Bolívar estadista– y de otras iniciativas educativas dispersas, sólo hasta la década de 1960 es que podemos hablar de una educación popular como corriente o como movimiento pedagógico; está asociado al Movimiento de Cultura de base y al trabajo de Paulo Freire en Recife, Brasil. Freire, junto con otros intelectuales de la época, proponen y llevan a la práctica una propuesta de alfabetización y educación de adultos concientizadora, a partir de la cual se construye

---

[15] Conferencia en IPECAL, México, agosto de 2016.

la *pedagogía de la liberación*, en convergencia con otras iniciativas de la época que asumen la misma opción: la sociología de la liberación (Fals Borda), la teología de la liberación (Gutiérrez), la ética y la filosofía de la liberación (Dussel).

Estos momentos fundantes de ideas y prácticas críticas tienden a ser asociados con figuras ineludibles (Freire, Dussel, Fals Borda) y, generalmente, fueron el resultado de trabajos colectivos. Paulo Freire tuvo la posibilidad de retomar y conceptualizar su experiencia con los *Movimiento de cultura de base* y de cultura de base. Vale la pena señalar acá que la formación profesional de Freire fue la de abogado, al igual que Zemelman; es el caso de otros grandes pensadores que aportaron a otros campos: Jesús Martín Barbero, quien tanto a aportado a los estudios de la comunicación y la cultura, es filósofo; Orlando Fals Borda, padre de la sociología en Colombia, estudió inicialmente música y literatura, para que vean que no es tan fácil.

Ese *movimiento de cultura de base* buscaba una concientización política orientada a formar sujetos democráticos, que se asumieran como protagonistas de su construcción y defensa. En Brasil, al igual que en Chile, Argentina y Bolivia, las democracias formales han sido muy frágiles; una vez instaurada la República, en estos países se formaron gobiernos civiles que duraron poco tiempo, porque vinieron golpes militares que muchas veces fueron derrocados y sustituidos por otros, o como en la actualidad, gobiernos aparentemente civiles, controlados por militares. Entonces, Freire y sus amigos le apostaron a formar una cultura democrática desde la base, como única garantía de que realmente se construyan democracias estables; que la gente del pueblo, la gente de base se apropie de eso y se hagan sujetos de esa democracia.

Así, desde estas intenciones, impulsaron varias prácticas orientadas a elevar el nivel de conciencia popular, a través de varias estrategias –muy confluyentes con la propuesta del IPECAL–, desde la cultura, el arte, las expresiones estéticas y el pensar crítico. Pero encontraron un obstáculo: buena parte de la gente con que trabajaban, no sabían leer ni escribir. Entonces lo que hizo Freire fue decir: "Voy a inventarme una propuesta de alfabetización que incorpore los principios del *movimiento de cultura de base*". Ahí es cuando plantea su propuesta educativa que parte de una crítica a la educación tradicional que él llamó *bancaria*, ya que el sujeto educando es receptor pasivo de las explicaciones e informaciones que le imparte el maestro.

A partir de la crítica a esta educación opresora, Freire propuso una educación "liberadora", que partiera de la problematización de las realidades opresoras, a *partir de la realidad de los sujetos*; una educación que, en vez de contribuir a la opresión, contribuyera a la liberación de los sujetos de las relaciones opresoras; una educación que permitiera la concientización de los sujetos. Esas ideas se pusieron en práctica en el nordeste brasilero en una propuesta de alfabetización, que llamó la atención del gobierno progresista de ese entonces, presidido por João Goulart.

En el año 1964 los militares toman el poder en Brasil y una de las primeras cosas que hicieron fue suspender el programa de alfabetización y echar a la cárcel a Freire, quien estuvo detenido poco más de dos meses; luego, pasó a Bolivia transitoriamente y finalmente a Chile, donde se exilió. Es allí donde sistematiza su experiencia de Brasil, ya con una creciente influencia del ambiente revolucionario que atraviesa América Latina; escribió varios libros que luego se vuelven referentes de la educación popular, en particular la obra *Pedagogía del oprimido* (1969).

Lo que interesa, es lo que vino luego: *Pedagogía del oprimido* fue escrita entre el 68 y el 69; circula clandestinamente en portugués en Brasil, en mimeógrafo, luego se publica en español en Uruguay y, finalmente, es editado en 1970 por Siglo XXI, el cual seguramente todos tendremos un ejemplar en algún lugar de la biblioteca, leído o no leído. Puede que algunos no lo hayan leído esta obra, pero en los años 70 sí fue muy leída en esa coyuntura, tanto en estas ediciones, como en muchas piratas. Ése es un elemento clave que quiero destacar, pues como decía Hugo: "No basta que haya muy buenas ideas, si no tienen sujeto"; porque muchas veces, especialmente en el mundo investigativo y político de izquierda, hay ideas buenísimas, pero sin colectivos sociales que se apropien de esas ideas y las vuelvan prácticas de transformación. Entonces, lo que pasó en esa coyuntura, especialmente de los años 70 y los 80 en América Latina es que se dio una reactivación de luchas sociales –cada quien recordará en sus países–: campesinos luchando por la reforma agraria y por "tierra para el que la trabaja", indígenas por tierra, territorio y cultura, sindicales por condiciones laborales y mejores salarios, pobladores por acceso a vivienda y servicios sociales en sus barrios, y unos movimientos estudiantiles muy fuertes.

Este ascenso del "movimiento popular" (como comenzó a nombrarse esta confluencia de luchas) también fue de la mano con la proliferación de las ideas y partidos de izquierda, así como de una mayor influencia del marxismo, en diferentes ámbitos, tanto de la política, como de la academia. Esta recepción (no siempre crítica) del marxismo se expresó en el marcado énfasis en lo económico y político, sobre lo social y lo cultural; también en la tendencia a ver todas las instituciones sociales en la tensión entre clases dominantes y clases dominadas, dejando al margen, cuando no deslegitimando otras posibles claves de lectura de lo social.

Unas últimas palabras de caracterización del periodo, para destacar la presencia de un nuevo actor social en este contexto de luchas y prácticas emancipadoras: se trata de la llamada iglesia popular o movimiento de cristianos, principalmente, aunque no exclusivamente católicos, inspirados en la apertura eclesial impulsada por el Concilio Vaticano II, retomada y radicalizada en la Primera Conferencia latinoamericana de obispos realizada en Medellín en 1968.

En este encuentro, se cuestionó el papel que hasta ese entonces había jugado la Iglesia católica, de espaldas a las múltiples injusticias y, la mayoría de las veces, del lado de los poderosos; también planteó la opción por los pobres y sus luchas. Esto se tradujo en que unos pocos obispos, algunos sacerdotes y muchas comunidades religiosas y laicos comprometidos se sumaran a los procesos sociales, culturales y políticos descritos; que acogieran con entusiasmo las ideas pedagógicas de Paulo Freire, Fals Borda, Gustavo Gutiérrez y Enrique Dussel (también cristianos) y muchos otros que tradujeron en ideas y prácticas concretas estas ideas de liberación y transformación. Desde ese entonces, esa iglesia comprometida con el cambio social, cultural y político, ha sido un actor social importante en América Latina.

En esos años hubo una recepción de las ideas de Freire, pero a su vez una radicalización, que incluso llevó a cuestionar al propio Freire por ver la educación concientizadora, por fuera de las luchas sociales. Así mismo, frente a la categoría freiriana un tanto abstracta de los "oprimidos", van a posicionarse otras más coherentes con la representación el sujeto social de la transformación imaginado en aquel momento: el pueblo, el movimiento popular, las clases populares. Por ello, las expresiones "educación liberadora" y "educación concientizadora" comenzaron a ser desplazada por la de *educación popular*.

Ahí conectamos con algo que dijo un compañero: a muchas cosas se les coloca el apellido de "popular": *educación popular, comunicación popular, arte* popular; Fals Borda habló de una *ciencia popular*; también se habla de una iglesia popular y de la teología de la liberación, también de educación liberadora y de filosofía y psicología de la liberación; también Fals Borda llegó a plantear una sociología de la liberación. Como vemos, hay una dupla de palabras, que va desde la década de 1970 y empieza a cobrar fuerza, expresando nuevos sentidos en los discursos y en las prácticas latinoamericanas: la liberación y lo popular.

1. El cambio en las metáforas: del progreso a la liberación

Hugo Zemelman planteó en una conferencia en la Universidad Pedagógica Nacional en 2003 que, en esos años se había dado una ruptura en América Latina con las grandes metáforas o imaginarios que estructuraron el pensar y el sentir de dicho periodo.[16] Empezó a darse un tránsito del *imaginario del progreso* y el desarrollo que

---

[16] El autor en el cual se había basado Zemelman para adoptar la categoría "metáfora" era Hans Blumemberg (2001), *Metaforología*. Madrid: Editorial Trotta.

nos impusieron desde Europa y los Estados Unidos –sea para civilizarnos o modernizarnos– a un *imaginario de la liberación,* otra metáfora sostenida sobre un optimismo histórico, que se basa en la creencia de que el rumbo de la historia ya no dependerá de la aplicación juiciosa de las directrices desarrollistas, sino de las luchas de los pueblos por un mundo mejor. Entonces, la idea de lo popular se vuelve muy recurrente, igual que la de liberación.

El énfasis en lo popular no está tanto en trabajar con sectores populares, sino por el propósito de potenciar lo popular como sujeto histórico emancipador. Dicho sentido también está en las referencias de Enrique Dussel a la categoría "pueblo".[17] Quienes reivindicamos lo popular en la educación, o en otros campos, no es tanto porque privilegiemos el trabajo con poblaciones empobrecidas, discriminadas o subalternizadas ("pueblo como grupo social"), sino que lo hacemos desde la idea de visibilización y construcción del *pueblo político*, del conjunto de actores y prácticas orientadas a su emancipación.

La idea es trabajar allí donde estas poblaciones, actores, sujetos, en una condición de marginación u opresión, se juntan y empiezan a actuar en contravía del orden establecido, empiezan a construir proyectos alternativos, es decir nos hacemos pueblo. Entonces, la idea de pueblo es más como sujeto político, que se construye para luchar y construir otras alternativas. Ahí habría muchas cosas que discutir, pero entonces esta idea de lo popular está más marcada por eso, y va muy de la mano de este sentido emancipador y, a su vez, con un imaginario de optimismo histórico.

––––––––––––––

[17] Un balance sobre la noción de pueblo en Dussel, en Aldo Fabián Hernández Solís (2015). "Pueblo en la obra de Dussel", en *Analéctica*, año 1, núm. 8, http://www.analectica.org/articulos/hernandez-pueblo2

Lo que nos interesa resaltar es que, a partir de esas ideas, se empezaron a hacer muchas cosas, se empieza no solamente a retomar esta crítica a la *educación bancaria,* sino a complejizarla; ya en los años 70, ¿qué literatura va a llegar? Los que somos más viejitos recordarán, obras como, por ejemplo, de Louis Althusser, sobre crítica ideológica y crítica del estado. En la misma época, son un fenómeno interesante de esos años 70, porque dieron origen a la *teología de la liberación,* a la *educación popular,* a la *comunicación popular alternativa,* a la que se llamó la *sociología de la liberación*; en la sociología y en una serie de prácticas culturales con ese signo alternativo, como toda esa coyuntura del arte comprometido, de la canción protesta, o sea todo un imaginario que moldeó una cosa muy clara en América Latina.

Ése es un momento histórico en el que, desde diferentes lugares, campos y prácticas sociales, se reconoció que era posible y necesario que los latinoamericanos nos atreviéramos a pensar por nosotros mismos, a crear nuestros propios referentes y a nuestros propios proyectos emancipadores; obviamente, dentro de cada campo temático se dieron sus propias discusiones y recibieron diferentes influencias, pero no nos vamos a detener ahí. Esto es lo que me interesaba resaltar para entrar en diálogo acerca de las grandes confluencias acumuladas a lo largo de casi medio siglo.

En mi caso, he venido encontrando en el trabajo en educación popular una serie de rasgos comunes, entre los que hacemos prácticas y generamos prácticas comunes en educación popular; pero también he ido encontrando que hay muchas otras confluencias y sinergias, por ejemplo, con la *investigación participativa*; ambas hijas de una misma época. Así, su ámbito de acción y sus singularidades son particulares, pues encuentran elementos en común, lo que me voy a atreverme hoy, por primera vez, es hacer ese diálogo del pensamiento de Zemelman, con los elementos comunes que valen la pena visibilizar y así discutir las palabras claves.

2. La crítica y la historicidad como claves de pensamiento

La primera clave es la *crítica*; podríamos decir que, si hubiera un elemento en común entre ambas tradiciones, es la del posicionamiento crítico de los sujetos frente a los discursos hegemónicos así como a las prácticas predominantes, en lo educativo, en el caso de Freire, en lo investigativo, en el caso de Zemelman. Así, desde la educación popular ya no sólo cuestionamos la educación bancaria, también criticamos las políticas educativas, las prácticas educativas escolarizadas y las culturas escolares, así como los discursos hegemónicos; hace una década se nos decía: "Estudie y progrese" o "La educación que nos sacará del subdesarrollo"; en la actualidad, "la educación debe responder a los desafíos de la globalización".

Así, desde las educaciones emancipadoras se cuestiona la educación como expresión de las relaciones de poder dominante; en el caso de Zemelman se formula una crítica al modo de pensar y de conocer por parte de las ciencias sociales hegemónicas. De este modo, podríamos afirmar que un educador *popular* o alguien que se asuma como "zemelmaniano", no pueden ser conformistas. Podríamos decir que durante mucho tiempo en la tradición de pensamiento moderno, también por decir moderno occidental, se entendió lo crítico asumido vinculado sólo a una corriente teórica, por decir a una escuela de pensamiento como el kantianismo o el marxismo; interesante, sin duda, pues buena parte de lo que somos es eso, muchos tenemos ese núcleo constitutivo; pero hoy lo crítico ya no tiene una única fuente filosófica, sino que está presente en diferentes campos disciplinares y prácticas sociales, tales como las interculturalidades críticas, las teorías decoloniales y las luchas indígenas.

Hoy existe una cantidad de fuentes de construcción de lo crítico que, a mi juicio, incluso van muy de la mano de los movimientos sociales: el pensamiento feminista está ligado a la mujer, el pensamiento decolonial a la lucha de los pueblos; entonces, por eso una cosa muy importante que tendríamos en común es que esta idea de lo crítico es amplia, o sea, no es exclusiva. Por ejemplo, Freire habló siempre de "hay que ser radical no sectario"; Fals Borda propuso como un principio de la IAP, el *antidogmatismo*; Zemelman insistió sobre la permanente necesidad de la crítica, opuesta a todo cierre de pensamiento, una postura amplia, abierta, como decir, creciente, que no se agota.

Por ello, es que nadie podría decir el "decálogo de Freire" o "vamos a hacer el libro rojo de Hugo Zemelman". ¡No! No existen ni existirán las cinco tesis filosóficas del *presidente Hugo* porque estamos frente a un pensamiento que crece, que se expande en la medida que estamos usándolo y recreándolo en contextos y frente a problemas diferentes teniendo su pensamiento como una fuente de inspiración. Entonces, me estoy atreviendo a plantear la confluencia entre *educación popular* y la *epistemología del presente potencial,* por primera vez en público. ¡Toda una aventura!

Un segundo principio compartido es el que desde la educación popular llamamos "partir de la realidad" y que Zemelman denomina *historicidad*; éste va muy de la mano con el contextualismo de la investigación participativa y en contravía del *universalismo* y el *abstraccionismo*, pregonados desde el pensamiento filosófico y científico moderno: dada la uniformidad del universo, una afirmación teórica es válida para cualquier tiempo y espacio.

El principio de *historicidad* toma distancia de este supuesto; en las investigaciones y en las prácticas sociales no existen verdades universales, válidas para cualquier tiempo y lugar. En el caso de estas propuestas críticas de pensamiento en educación, cada práctica, cada pensamiento es ubicado históricamente; las ideas, las prácticas sociales son siempre cambiantes, sujetas a múltiples contingencias; pero, a su vez, encierran ellas mismas potencialidades de transformación. Por ejemplo, nadie puede decir: "Yo conozco la educación en X lugar, porque yo tuve una experiencia de educación popular en los años 80 allí"; es posible que hoy, en el mismo lugar siga esa práctica educativa pero seguramente ya no será lo mismo, habrán cosas comunes pero seguramente habrán surgido otras, porque los contextos son cambiantes, las prácticas se transforman, todas tienen su propia historicidad. Es lo que, desde los estudios culturales, Eduardo Restrepo llama *contextualismo radical*. Este principio también se expresa en la insistencia, común en Freire y en Zemelman, esa referencia tan fuerte en Freire y en Zemelman de "partir de la realidad", de "*colocarse frente a la realidad*".

¿Cómo entendemos la historicidad? Hay un libro de Hugo llamado *De la historia a la política*, que, para mí, es un texto clave porque por primera vez organiza sistemáticamente varias cosas que venía gestando Hugo Zemelman desde mediados de la década de 1980. Antes, debemos tomar distancia con la perspectiva neopositivista predominante, cuyos discursos, teorías y metodologías se nos presentan como "universales"; se nos dice: "Hay un método de investigación que se puede aplicar en cualquier contexto, en cualquier lugar", o "La teoría constructivista, en cualquier lado es válida". Esas ideas de lo universal son ahistóricas.

A partir de Zemelman, entendemos la historicidad en dos sentidos: primero, en que no hay práctica, institución, ideas de la vida social, que no esté ubicada en un momento de la historia, y que por tanto debe ser comprendida en ese contexto y en ese momento; es como decir, "Esta gran idea, este aporte de ese autor, ¿a qué preguntas respondía?, ¿a qué contexto corresponde? ¿Con cuál práctica y sujetos se relacionaba?". Entonces, cuando leo, quiero asociar al leer a ese autor para relacionarlo con esa idea y también ubicarme en el contexto, en la realidad histórica del que estoy leyendo y desde ahí leo.

Pero también, el otro sentido de lo histórico, es que cualquier idea, cualquier institución tiene su propia historia. Se puede realizar historia de la escuela o la lectura, pues la lectura también es historia, hay un historiador dedicado a hacer la historia de la lectura, o sea como en el pasado no leían, luego hubo un momento en que la lectura era en voz alta y pública, entonces después hubo un momento que se volvió muy importante la lectura silenciosa para los ilustrados.

Así es como uno asume que "hasta la lectura tiene historia", como lo ha evidenciado Roger Chartier y la historia cultural; el mismo Nietzsche nos invitó al decir: "hay que hacer la historia de lo que no se ha hecho, la historia de la rabia, de la alegría, de la ira, de la envidia". No hay cosa que no tenga historia, pero una cosa bonita es, precisamente, que lo histórico no está solamente determinado, que es lo que hicimos con el marxismo, donde la historia sólo se daba en procesos sociales, síntesis de múltiples determinaciones; sino que cualquier práctica o proceso tiene su propia historicidad interna, así como sus potenciales de transformación, o sea lo que pasa con una práctica social y sus transformaciones, no sólo depende del contexto que lo moldeó así, sino también están en su propia dinámica la posibilidad de generar nuevos sentires, nuevos saberes, nuevos vínculos; entonces, podemos decir que cualquier proceso no es sólo producto de múltiples determinaciones, sino síntesis de múltiples potencialidades, y asumirlo como ese parangón.

La historicidad es eso, la historia de la política y todos esos autores; por lo tanto, de ahí derivan cosas para la investigación crítica, como que yo no puedo trasladar mecánicamente ideas de un contexto a otro, sin reconocer la historicidad de donde surge y la historicidad de dónde la voy a resignificar. El *contextualismo radical*, como lo estoy llamando, tiene que ver con esa insistencia, que es la otra cara también de la historicidad, que consiste en preguntarse cuando voy a hacer mi tesis doctoral o cuando acabo de ser nombrado como profesor en esta universidad, o voy a comenzar un trabajo cultural: ¿cómo me veo en ese presente?, ¿en este contexto qué preguntas tengo?, ¿qué es lo que quiero?

3. Convergencias y matriz
de la emancipación latinoamericana

El esfuerzo por encontrar confluencias puede convertirse en sincronías y empatías en las propias historias de vida. Por ejemplo, entre Paulo Feire y Hugo Zemelman; aunque su punto de partida no es el mismo, pueden darse convergencias en sus trayectorias de estos personajes. Zemelman trabajó en el ICIRA (Instituto de Capacitación e Investigación en Reforma Agraria) en Chile cuando Paulo Freire, exiliado en dicho país, también trabajaba allí. Por eso, las ideas del pedagogo brasileño no fueron ajenas a Hugo, aunque no era un referente que citara cada tres páginas, pero cuyas ideas conocía muy bien. También Fals había conocido y compartido con Freire en 1970 en Suiza; y, por otra parte, Zemelman como sociólogo había leído y conocía a Fals; yo estuve presente cuando, en 2004, en Cartagena, en el contexto de un Foro Social Mundial por la Educación, se encontraron por primera vez, Zemelman y Boaventura de Sousa Santos.

Más allá de esos encuentros vivenciales, lo que creo que es clave, lo que quiero mostrar, es que hay una matriz de pensamiento crítico latinoamericano, que es necesario explorar y profundizar todavía más. Pensadores como Enrique Dussel y Aníbal Quijano se mantuvieron vigentes a lo largo de medio siglo, dando continuidad y renovando sus ideas. También vale la pena ver cómo estas confluencias también se dan en las prácticas sociales emancipadoras; por lo menos eso pasó en mi generación: unos podíamos estar más identificados como educadores populares, pero también leíamos de comunicación alternativa, teología de la liberación y filosofía latinoamericana.

En un sentido más amplio, estos diferentes campos de práctica y pensamiento crítico y emancipador han permanecido interconectados. Así, aunque la educación popular tiene sus propios referentes, como también los tiene la comunicación alternativa y el teatro popular, desde sus inicios, y aún hoy, tenemos caminos cruzados y búsquedas de convergencia; de forma que el prefijo *trans* o *inter* que está rondando por muchos lados; esta búsqueda nos llama otra vez a decir que con cada hilito nos toca hacer un tejido nuevo, seguramente tenemos todos los hilos y los colores para hacerlo, no para cerrar el pensamiento, pero sí para fortalecer cada una de esas prácticas que viene de otras.

En mi caso, mi formación inicial tuvo influencias del pensamiento de izquierda, mis primeras prácticas estuvieron en la comunicación popular y luego con la educación popular; muy pronto tuve vínculos con Fals Borda y la investigación comprometida en varias modalidades. Luego, el encuentro con Hugo primero fue como lector (en una revista de educación popular: *La Piragua*) y luego trabajando con él en varios proyectos comunes. En efecto, en el año 92 me encontré con un artículo de Hugo en la revista *La Piragua* del CEAAL (Consejo de Educación de Adultos de América Latina), que se llamaba *Educación como construcción de sujetos sociales*; en verdad no hablaba nada de educación, pero sí sobre tres conceptos: historia, subjetividad y sujetos. Entonces, fue una iluminación que en su momento sirvió para leer esas prácticas educativas en clave "*zemelmaniana*", pero ya luego tuve la posibilidad de *interlocutar*, de conversar con él.

Volvamos a la reflexión que nos ocupa. Hay una matriz de pensamiento latinoamericano que no es una cosa unitaria, homogénea, que se diga que todos desde el inicio pretendiéramos caminar hacia allá; pero que, precisamente, es clave para volver a esos orígenes, a esas líneas fundadoras fuertes, porque hay muchas posibles articulaciones que potencian, incluso con la metáfora de la física, no necesariamente para hacer fusión, sino para hacer fricción, que eso produce más energía. Por eso, en los lugares de encuentro, en los intersticios, en los lugares de frontera, hay una gran potencialidad, dado que en ese cruce es cuando uno pone a conversar dos cosas, y era fácil con estos dos autores; pero, qué tal poner a dialogar tal creador estético con Fals Borda, o tal creador musical con Zemelman, eso es más difícil.

Entonces, es una invitación a generar y acompañar desde lo educativo, prácticas, movimientos sociales, donde precisamente queremos separar un elemento central en el discurso de la educación popular, que es su preocupación por la constitución de sujetos. Eso lo dicen ellos mismos: formar sujetos autónomos, críticos; desde ese elemento común que es la historia, porque no es posible pensar en transformación, construcción, emancipación, sin sujetos. Era común en Hugo decir "no hay ideas sin sujetos": puede haber planteamientos buenísimos en los libros, en las bibliotecas, porque es un referente de formación de sujetos, pero no es suficiente.

Así, para muchos, el pensamiento de Zemelman es un tesoro, que nos permitió acercarnos a esa preocupación de la formación del sujeto. Ya no para buscar las claves de dicha formación –como durante mucho tiempo pasó en el campo de la educación– en una disciplina como la psicología, en la psicología conductista, incluso en el construccionismo o en la psicología cognitiva. Sino para comprender la constitución de la subjetividad y de los sujetos en las dinámicas de la acción social y política; es desde este otro lugar que buscamos las claves para pensar cómo nos estamos formando como sujetos.

Ustedes saben la trayectoria y los escenarios donde el pensamiento de Zemelman tuvo lugar: fueron lo académico, como investigador y pensador, y lo político. Entonces, en aras de profundizar, diríamos que, una vez que se exilia en México, un primer campo de preocupación fue más epistemológico-metodológico, aunque desde una inquietud, en el fondo, política. Abordó los límites que tenían las ciencias sociales, los límites de las teorías sociales para dar cuenta de realidades cambiantes; en su caso, con la referencia trágica de la experiencia del golpe militar en Chile; Zemelman, al igual que otros intelectuales de izquierda que habían formado parte de la Unidad Popular, no previeron lo que finalmente pasaría. Las coordenadas ideológicas y teóricas que compartían, "políticamente correctas", fueron un obstáculo para prever el comportamiento corporativo de las fuerzas militares y comprender la pasividad de las bases populares frente al golpe.

Esta imposibilidad de reconocer la historicidad y singularidad de la realidad latinoamericana y de la actuación de los sujetos sociales, tanto desde las teorías de derecha como de izquierda, lo llevaron a plantear que el conocimiento de lo social no podía depender del uso acrítico de teorías, sino de la reconstrucción articulada de la realidad desde sus propios dinamismos y de conceptualizaciones propias y apropiadas a dichas realidades concretas. De ahí devino su trabajo sistemático desde lo epistemológico y en lo metodológico que inicialmente fue orientado a la formación de científicos sociales (de El Colmex, CLACSO y la UNAM).

En tiempos más recientes, estas ideas de Zemelman encontraron acogida y lugar en otros campos como el educativo y pedagógico. Así, creo que una tesis que podría resultar sobre esto es que fue creciendo cada vez más su interlocución con los educadores, y cómo fue incorporando en sus reflexiones sobre la formación de sujetos, más y más elementos provenientes de ese diálogo con maestros y formadores de educadores; sería tanta la "pedagogización" de Zemelman, que una joven profesora argentina de La Patagonia, tomara algunos de sus planteamientos para elaborar una propuesta pedagógica y didáctica "no parametral".

Quienes estamos relacionados con prácticas sociales concretas (educativas, formativas, organizativas, culturales), podemos encontrar que estos planteamientos epistemológicos y metodológicos de Zemelman pensados inicialmente para la investigación social, también nos son de gran utilidad para nuestros trabajos y reflexiones. Allí también hay preguntas, saberes y conocimientos singulares que no siempre valoramos a la hora de comprender nuestras prácticas y a nosotros mismos. No hay que buscar en autores o en corrientes teóricas o políticas generales las claves para orientar nuestras acciones y comprensiones, sino que es desde las prácticas y reflexiones como nos relacionamos con el conocimiento y el pensamiento acumulados.

4. Otras conexiones entre educación popular y epistemología del *presente potencial*

Otro rasgo común entre educación popular y la epistemología del presente potencial es ese compromiso, esa identificación con el pensar utópico desde opciones de transformación de la realidad. En términos de Zemelman, esa capacidad humana de construcción de realidad guarda relación con su idea de sujeto; no sólo es reconocerse en un contexto histórico, sino reconocerse como *sujeto histórico*; sea como individuo o como colectivo, se es sujeto cuando podemos incidir en la realidad desde nuestras propias visiones de futuros, desde nuestros sueños y memorias; es cuando logramos incidir en el curso de la historia.

Como lo afirmaba antes, en estas perspectivas hay un optimismo histórico, la convicción de que otro mundo, otra sociedad son posibles; no porque consideremos que el rumbo de la historia está predeterminado en cierta dirección (historicismo), ni porque creamos ingenuamente que basta con nuestro deseo de cambiar (voluntarismo), sino porque, desde la construcción de visiones de futuro comunes y desde la articulación de prácticas y actores sociales, tenemos más poder de afectar y modificar la sociedad en sus diferentes escalas (micro y macro sociales). Seguramente otras personas e ideas contemporáneas ven con escepticismo nuestro optimismo: "¡Ah! Es que usted todavía cree que puede cambiar el mundo, ¡qué iluso!". Frente a este fatalismo conformista o pesimismo histórico hay que argumentar que, incluso en circunstancias muy adversas, las personas y los pueblos han logrado construir nuevas posibilidades de vida social. Esto no significa que podemos cruzarnos de brazos y sentarnos a la orilla del camino a esperar cómo avanza la historia, sino que la historia irá siendo, justo lo que hagamos como sujetos.

Otro rasgo común, es que estas propuestas educativas populares, investigativas participativas y de pensamiento crítico, surgen o buscan articularse a procesos, luchas, movimientos sociales y políticos alternativos; es decir, su lugar, su *locus de enunciación* son las prácticas de transformación. Yo no puedo considerarme educador popular si estoy al margen de la historia, sólo pensando: "Estoy leyendo a Freire, llevo toda la vida leyendo a Freire, no me pidan más porque es muy complejo; luego miraré cómo lo llevo a la práctica". O: "Es que el pensamiento de Zemelman es tan rico, tan complejo, que me voy a dedicar los próximos diez años de la vida sólo a estudiar a Zemelman, me retiro de la organización, del proceso". En el caso de Freire, Fals Borda y Zemelman, sus interlocutores fueron sujetos, colectivos, organizaciones y movimientos sociales, culturales y educativos involucrados en prácticas transformadoras.

Otro rasgo compartido es que, en estas prácticas educativas, investigativas y de pensamiento crítico, hay una concepción alternativa en cuanto a las tendencias hegemónicas de producción del conocimiento. En particular, de la ideología cientificista que supone un único método de investigación y un conocimiento científico que es "superior" a otras prácticas y contenidos de conocimiento. Esa "ciencia indolente" a la que se refiere Boaventura de Sousa Santos, también fue cuestionada por Fals Borda y por Hugo Zemelman.

Ya no basta con decir: "es que nuestro conocimiento científico es el universal, el verdadero, el objetivo", porque la otra cara de la moneda es que todos los demás conocimientos son vistos como basura; desde esa perspectiva, se magnificó el conocimiento europeo metropolitano, en detrimento de los conocimientos periféricos de los demás continentes; incluso, Santos consideró esta política de desconocimiento, como un *epistemicidio*. En efecto, la dominación colonial de América, no representó una extinción física de los pueblos ancestrales, sino una sistemática persecución de las culturas ancestrales. En la actualidad, muchas prácticas académicas se basan en los mismos presupuestos y se relacionan con estas poblaciones sólo para obtener información que nunca retorna o, cuando lo hace, vuelve como una política contra ellas mismas. Se trata de un verdadero "extractivismo cognitivo".

En contraste con estas políticas extractivistas, desde las prácticas educativas e investigativas alternativas, se les da un valor importante a los saberes, a los conocimientos que provienen de otros lugares y prácticas diferentes al académico formal. Se promueve, más bien, el diálogo de saberes, el diálogo intercultural y la ecología de saberes.

Por otra parte, podríamos decir que en estas propuestas también hay un llamado a la creatividad y la imaginación. Yo recuerdo un regaño que me gané de Hugo, cuando lo invité la primera vez a Colombia, y es que había colocado que su conferencia era sobre conocimiento crítico, y me dijo: "¡No, pensamiento crítico!". No porque hubiera un desprecio por el conocimiento, ni mucho menos, sino porque la categoría de pensamiento iba mucho más allá. El conocimiento, sea cualquiera que sea la perspectiva epistemológica o psicológica, básicamente es apropiación, reproducción silenciosa del mundo; mientras que el pensamiento, no solamente pasa por la apropiación del mundo, sino por la posibilidad de imaginar, de ir más allá de ese mundo dado y pensar otros mundos posibles, pasa por la posibilidad de construir sentidos nuevos.

Entonces, esa invitación a la imaginación, al pensamiento y a la creación están presentes en las prácticas de educación popular (siempre renovándose) y de investigación participativa; en sus orígenes, se acudió a la música, a la imagen, al teatro. En el último periodo de sus reflexiones, Zemelman prestó mucha atención al lenguaje y a lo simbólico. Sospechaba del lenguaje institucionalizado de la ciencia, pues se volvía una cárcel del pensamiento para dar cuenta de muchas dinámicas sociales, culturales y políticas emergentes. Por tanto, insistía a desbordar los lenguajes instituidos y dar cabida a la imaginación. Tanto en la educación como en la investigación hoy es necesario incorporar los aportes de la comunicación, del arte, de la cultura; no puede haber una educación alternativa o un pensamiento alternativo, si no hay ese diálogo con el arte, con la creación y sus diferentes especies.

Otro principio que está presente en los tres campos alternativos que venimos abordando (educación popular, investigación participativa y pensar epistémico) es el de la *reflexividad*, entendida como toma de distancia con la racionalidad dominante, que pone como categoría central a la objetividad, la contrastación y separación entre sujeto de conocimiento y objeto de investigación. Así, al reconocer que todo debe ser puesto en sospecha, comenzando por nuestras propias prácticas y nuestros propios presupuestos con los que trabajamos, entonces, en todas las decisiones prácticas, sean educativas, investigativas o reflexivas, hay que volver siempre sobre ellas con nuestras reflexiones, volver sobre ellas precisamente para mirar sus potencialidades y sus limitaciones.

Un ejemplo muy claro es el caso de la tradición que nos une, en esa sospecha al uso ingenuo de las teorías. Es muy preocupante, pues en buena medida el conocimiento académico formal se sustenta sobre eso: hay unas teorías ya dadas universales, y un buen investigador lo que hace es aplicar una teoría a un contexto específico. Desde nuestras perspectivas, existe una gran sospecha frene a esa recepción y ese uso ingenuo de la teoría. No es un cuestionamiento a lo teórico, porque en últimas, ¿qué son *las buenas teorías*? Aquellas respuestas reflexivas de unos sujetos o colectivos a unas preguntas pertinentes a unos problemas históricos, y que se construyeron echando mano al utillaje conceptual que había en el momento.

La crítica es lo que Zemelman denominó "pensar teórico" o racionalidad parametral que supone que ya las teorías, como cuerpos abstractos de redes conceptuales, existen como entidades independientes de las realidades a las que se pretenden aplicar, y que dicha aplicación exige la definición "previa" de unos indicadores y variables desde las cuales se filtran las nuevas realidades, para confirmar dichas teorías. Así, las investigaciones sirven más para ratificar las teorías que para conocer nuevas realidades o para construir nuevas y pertinentes conceptualizaciones.

Como lo advirtió muchas veces Hugo Zemelman, mientras que las realidades crecen, se complejizan, son históricas; lo que pasa en el mundo académico es que sólo se dedican a repetir lo que dijo un autor, a cundirlo mientras la realidad crece; pero igual se piensa que la teoría es eso y no la capacidad de decir "miren lo que hay allí". Por eso, este desafío –es fácil decirlo pero complejísimo hacerlo– que nos puso Hugo, es el "pensar epistémico" que implica, por un lado, poner como punto de partida la realidad "sin supuestos", y por otra apuntar a la lógica constructiva de las teorías que consideramos pueden servirnos para analizar dichas realidades; es decir, preguntarnos cómo ese pensador construyó esos conceptos y teorías; ya no es sólo considerar las teorías como "cajas de herramientas" (Foucault) sino ir más allá: reconstruir cómo fueron elaboradas esas herramientas y poderlas "desarmar y rearmar" en función de las realidades que se están investigando. Seguir a un autor o a una corriente conceptual no es citarlo y repetirlo –práctica predominante en el mundo académico–, sino recrearlo y desbordarlo desde su propios presupuestos y criterios, contribuyendo a que sus planteamientos "crezcan" y se actualicen.

Finalmente, para terminar, un último rasgo común entre estas tradiciones y prácticas educativas, investigativas y de pensamiento crítico es la valoración de lo formativo, de lo educativo. Esto es evidente en la educación popular, pero también en la investigación participativa, pues desde sus inicios hubo una preocupación por lo "pedagógico", asumido como la atención en las formas de garantizar la participación de la gente, de reconocer sus saberes y lenguajes, de orientar las reflexiones y en devolver los conocimientos producidos de maneras creativas y amigables (Fals Borda, 1984).

Para el caso de Zemelman, como ya lo señalé, se dio algo muy bonito, y es que una obra que estuvo inicialmente dirigida a cientistas e investigadores sociales, finalmente tuvo un público que la acogió con entusiasmo: los educadores populares y los maestros y maestras en formación y en ejercicio. Por lo menos en México y en Colombia, buena parte de sus interlocutores y seguidores provenían de las Escuelas normales, las Facultades de educación, las Universidades Pedagógicas y los sindicatos magisteriales –habría que hacer un estudio sistemático sobre dónde fue invitado e impartió conferencias en los últimos 20 años de su existencia–. Ello implicó que nuestro pensador también hiciera el esfuerzo de orientar y adecuar sus planteamientos, a las realidades educativas y exigencias pedagógicas, dada esa actitud que lo caracterizó en sus intervenciones orales y que era siempre preguntar antes sobre quiénes serían sus interlocutores y cuáles las preguntas y debates que tenían en cada contexto.

5. Las nuevas fuentes y posibilidades del pensar crítico

Paulo Freire es ineludible para quien pretenda abordar y practicar la educación popular; así mismo lo es Fals Borda para quien quiera acercarse o hacer investigación acción participativa, y Zemelman para pensar y actuar desde la epistemología del presente potencial. Sin embargo, estos autores hicieron escuela, en el buen sentido del término; contribuyeron a la formación de otros educadores, investigadores y pensadores que, a partir de sus valiosos legados, lo continúan y lo recrean. Pero lo más importante es que centenares, si no miles, de personas y colectivos que se la juegan día a día desde sus prácticas sociales, políticas, educativas e investigativas, incorporan y reinventan estas ideas y criterios, y también crean nuevos saberes y sentires desde el diálogo cotidiano y la reflexión con las gentes con quienes trabajan.

Es por ello que culmino invitando a reconocer y recuperar estas experiencias y saberes, surgidos en las prácticas de resistencia y que, al desmarcarse de los discursos hegemónicos, aportan a las teorías y sentidos emancipadores. La invitación es que, además de seguir leyendo, releyendo y recreando a nuestros pensadores de cabecera y a los autores que siguen construyendo pensamiento y conocimiento crítico, procuremos reconocer en prácticas y luchas silenciosas, otras fuentes de pensamiento crítico. Es más fácil encontrar en el autor que le dice a uno: "pensar críticamente es…", pero reconocerlo en la conversación con tal líder social o persona común y corriente o en una ritualidad o práctica cotidiana, es más desafiante.

Creo que el desafío está en construir este tejido, en encontrar y en visibilizar convergencias, más nudos posibles de atar, así no solamente se verán los hilos luminosos de las ideas de estos autores, sino los otros hilos más oscuros que dan la urdimbre; quizás es menos espectacular porque está en el fondo, pero que, sin ella, es imposible que lo luminoso se destaque. Por eso recomiendo que algunas de las investigaciones que podemos hacer como tesis de maestría o doctorales puedan referirse a la sistematización de sus propias prácticas o a la indagación dialógica de experiencias educativas, estéticas, investigativas significativas.

Para cerrar comparto con ustedes algo que vengo investigando, con respecto a los imaginarios que subyacen a nuestras ideas y prácticas, y que constituyen nuestras subjetividades más profundas desde las cuales interpretamos y nos relacionamos con la realidad. Tomando como referente una conceptualización hecha por Gilbert Durand, me atrevo a afirmar que, quienes venimos de esta tradición de pensamiento y acción crítico gestado hace medio siglo, estamos transitando de un imaginario "diurno", asociado a una imagen de emancipación inspirada en el tiempo por venir, más escatológico, que puede expresarse en frases como "el futuro es nuestro" o "la revolución traerá la emancipación", a un imaginario "nocturno", basado en una metáfora más territorial-espacial, ecológico; ello se expresa en afirmaciones como "estamos construyendo comunidad", fortalecer redes y tejidos sociales, defendiendo el territorio.

La imagen de emancipación que prevaleció en nuestros relatos y prácticas desde la década de 1970 hasta el fin se siglo XX, era la de aproximarnos, acelerar la llegada de un momento culmen de transformación de todo lo existente (revolución) que iba a darse "pronto". En cambio, lo que hoy encontramos que está pasando con las prácticas de los pueblos indígenas, las prácticas de los procesos territoriales, y se expresa en sus eventos y representaciones visuales (pósters, mantas, logos, eslóganes, consignas) es que la transformación es desde el aquí y el ahora, donde los símbolos más recurrentes son el territorio, la red y el tejido.

Esta breve disertación también nos desafía a buscar lo crítico no sólo en el mundo de las ideas y del pensamiento racionalizado. También hay que escudriñarlo en el mundo de lo simbólico, de la imaginación narrativa y poética, en las estéticas presentes en nuestras prácticas y conversaciones.

Capítulo 4

Convergencias vitales
entre Freire, Fals Borda y Zemelman[18]

La historia no está determinada, y que tiene un amplio margen de indeterminación; esto es lo que ha pasado hoy: mi presencia acá es también una mezcla de azar y coincidencia. Tuve el privilegio de conocer, estudiar y trabajar con el profesor Hugo Zemelman desde 1997. Cuando Estela Quintar y el IPECAL estaban organizando los Agostos Latinoamericanos en 2017 en Bogotá, me invitaron y allí hice una presentación sobre las confluencias y resonancias entre la educación popular y el pensamiento de Zemelman, que por algún problema técnico no pudo quedar filmada. Con Estela estábamos acordando que yo hiciera de nuevo esta charla, para que fuera grabada para poder ser presentada en México en estos Octubres Latinoamericanos. Pero, ¡oh, sorpresa!, recibimos una buena nueva, por lo menos para mí y para Estela, –esperamos que también para ustedes–: la UNAM, por medio del Postgrado en Estudios Latinoamericanos, me invitó a ofrecer una conferencia en un Congreso que están realizando ayer y hoy.

De este modo, tenemos la feliz coincidencia de coincidir acá en México y en la UNAM y así poder conversar con ustedes, no a través de una videoconferencia, sino

---

[18] Agosto de 2017.

cara a cara, más humanamente como nos gusta y lo sabemos hacer. En esa ocasión lo que preparé, es una versión ampliada y más documentas de dicha conversación, recreándola a partir de mi propia experiencia personal como educador y como investigador. Porque, en primer lugar, yo me identifico como educador popular; más acá y más allá de mis estudios profesionales, mi campo de acción; podríamos decir que mi colocación frente al mundo, desde hace unas cuatro décadas, es el de la educación popular, desde la cual asumo mis roles de educador, de investigador y activista social.

1. Relato biográfico-epistémico

Acudiendo a la propuesta de Estela, acudiré a mi *didactobiografía*: soy una persona nacida en la década de los 60, en Bogotá, en el contexto de una familia popular. Mi madre de origen campesino, mi papá del sector popular urbano, formado como artesano (ebanista) y luego trabajador de una empresa trasnacional. Dicha condición también posibilitó que mi formación inicial –la educación primaria– aconteciera en la escuela pública, y luego, la secundaria, en un Colegio Cooperativo; entonces tuve el privilegio de haber estado en una experimentación educativa, que fueron los Colegios Cooperativos, que eran iniciativas de organizaciones de la comunidad que creaban su colegio, y que exigían o lograban que el Estado –a través del Ministerio de Educación– asignara algunos profesores y otros los contratara la propia organización social.

Mi formación en los años 70, estuvo también marcada por el contexto político de Colombia y América Latina. Los que ya son mayores saben que esa década fue una coyuntura muy rica en movimientos, en luchas sociales, en pensamiento crítico de izquierda, y a mí me tocó eso estando entre los doce y los dieciséis años; en segundo de bachillerato (actualmente, séptimo grado) tuvimos un periódico estudiantil, *La chispa*, desde el cual hacíamos crítica de lo que considerábamos no funcionaba en la escuela; en quinto (hoy décimo grado), teniendo catorce años, junto con otros estudiantes creamos un nuevo periódico en la escuela, *Pensemos más*, que al año siguiente ya pasó a circular en el barrio (la colonia), y cuando ya estábamos recién terminando la secundaria, participando de redes y de procesos de iniciativas populares a nivel local.

En ese contexto, es que en el año 79 se da la famosa Revolución Sandinista, y ese acontecimiento nos marcó a la generación mía, a los diecisiete o dieciocho años, porque una de las primeras cosas que hicieron los sandinistas, fue una gran cruzada de alfabetización desde la educación popular; entonces nosotros queríamos emular esa experiencia, de la alfabetización, de la educación, entonces comenzamos a hacer trabajo educativo, especialmente en alfabetización y educación de adultos. En esa experiencia, muy pronto fuimos acercándonos a todas estas corrientes culturales y de pensamiento progresista, que habían nacido en los años 60 y 70, pero que estaban circulando en los 80: la educación popular, la comunicación alternativa, la teología de la liberación. ¿Por qué? Porque en esos años había una gran conmoción en el pensamiento y la cultura de América Latina, que fue como se lo escuché alguna a vez a Hugo –no sé si lo escribió– y que significó asumir, en términos globales, la *metáfora de la liberación*; frente al imaginario e ideología del desarrollo pasamos o asumimos el imaginario de la liberación.

No sé si para bien o para mal –creo que para bien–, me tocó vivir la emergencia y expansión de una nueva manera de leer la realidad latinoamericana; dicha creencia generalizada como convicción asumía que, frente al panorama predominante de diferentes formas de opresión, era necesaria y posible una transformación social que las superara. Esta opción, es lo que marca mi identidad, nuestra identidad generacional, como educador popular.

Así, a lo largo de la década de 1980, simultáneamente a mi militancia social, tuve la posibilidad de iniciar mis estudios universitarios en el campo de los estudios sociales; primero cursé en Bogotá una licenciatura en ciencias sociales y luego una maestría en historia; finalmente, el doctorado en estudios latinoamericanos en la UNAM; siempre en la búsqueda de encontrar o en ayudar a construir unas propuestas de producción de conocimiento que fueran coherentes también con este espíritu crítico y emancipador de la educación popular.

Porque, en efecto, por mi vinculación podríamos decir temprana –yo digo de forma un tanto irónica que padecimos lo que Lenin llamó *La enfermedad infantil del izquierdismo–*,[19] soy de una generación en que nos acercamos a las posiciones de izquierda desde niños. En ese entonces no se veía como una cosa crítica; más bien como algo bonito, ya que en esos años 80, en mi experiencia se dio una cosa simultánea: seguir haciendo trabajo educativo en los barrios y a la vez incursionar en las ciencias sociales, primero como lector y, luego, desde la producción de conocimiento.

Desde fines de dicha década, pero con mayor fuerza desde la siguiente, con otros educadores populares

---

[19] Vladimir Ilich Lenin. *La enfermedad infantil del "izquierdismo" en el comunismo.* (1920) Varias ediciones.

(desde una ONG llamada *Dimensión educativa*), a partir de nuestras prácticas de formación y acompañamiento a grupos y organizaciones de base, buscamos contribuir a la construcción de ese puente entre educación e investigación; ello dio lugar a la construcción de algunas metodologías de investigación que hoy están circulando en América Latina: primero fue la propuesta que llamamos *La Recuperación Colectiva de la Historia,* y que recientemente retomamos en un librito titulado *Hacer historia desde abajo y desde el sur.*[20] Dicha iniciativa se nutría tanto de la educación popular, como de la Investigación Acción Participativa (IAP), que ya estaba posicionada desde ese entonces; también acudíamos a los aportes que venían de una historiografía muy interesante, por crítica, que se estaba produciendo en Inglaterra, con autores como George Rudé, Eric Hobsbawm, E.P. Thompson y Raphael Samuel.[21]

Luego, también desde la educación popular, empezó a haber una demanda, en el buen sentido del término, una necesidad de producir conocimiento sobre las propias prácticas. ¿Qué había pasado? Nosotros, al igual que muchos otros pertenecientes a esta generación, habíamos entrado a estos procesos culturales, educativos, artísticos, pedagógicos, comunicacionales, con una expectativa de que el tiempo del cambio vendría muy pronto: la revolución estaba a la vuelta de la esquina, como en la novela de Vargas Llosa. Estábamos creyendo que cada cosa que hacíamos iba contribuyendo a eso; sin embargo, eso no

---

[20] Alfonso Torres Carrillo, *Hacer historia desde abajo y desde el sur* (2014); Torres, Cendales, Peresson. *Los otros también cuentan. Elementos para la recuperación colectiva de la historia.* 2ª Edición. Bogotá: Dimensión Educativa, 1992.

[21] Edward Palmer Thompson. *Tradición, revuelta y conciencia de clase.* Barcelona: Grijalbo, 1985.

pasaba. Sentíamos que con lo que estábamos haciendo generábamos transformaciones en los otros, en las prácticas mismas y en nosotros; entonces empezó a verse la importancia de recuperar los saberes que se producían desde las prácticas, y cómo desde esas prácticas hemos construido esos saberes que necesitan ser visibilizados, recogidos, sistematizados. Pero también, la conciencia que en esas experiencias de trabajo social, local, organizativo, eclesial, se estaban generando en organizaciones que eran significativas.

No eran el gran cambio, pero podríamos decir, que ya estábamos construyendo desde el aquí y el ahora, las cosas que queremos cambiar; o sea, que eso que queríamos construir, no estaba por allá en el futuro, sino, como dirían los cristianos comprometidos, "el reino de Dios ya está entre nosotros": estábamos haciendo esos cambios desde el aquí y el ahora. Entonces la sistematización aparecería también, como una necesidad de producción de conocimiento, de esas transformaciones realizadas en la práctica; y entonces de ahí para acá, estando en esas búsquedas, hicimos una investigación, a finales de los 90, que se preguntaba precisamente por lo que habían sido las experiencias de educación popular en Colombia, en la década de los años 80, y qué cambios habíamos logrado.

Allí llegamos a una conclusión: y era que nosotros que queríamos transformar el mundo, y que precisamente optábamos por estar allí, entre los más pobres, en organizaciones populares, pues de pronto nuestro efecto real, sobre esas condiciones, no había sido grande. Pero lo que sí había pasado era que en esa década nos habíamos transformado a nosotros mismos, y entonces, en esa preocupación de decir "cómo nombramos eso", si no era en sentido estricto, pero nos habíamos vuelto "otras nuevas personas", con una serie de cosas no previstas; es decir, lo que buscábamos no se logró, pero la vida hizo con nosotros unas cosas que no buscábamos, entonces ahí vino la necesidad de entender eso del *sujeto* y la *subjetividad*.

2. Mi encuentro con la subjetividad y los sujetos

Mi encuentro con Hugo Zemelman, como lector, se da precisamente en el contexto de la red de educadores populares de América Latina, que se llama el CEAAL (Consejo de Educación Popular de América Latina y el Caribe), que tiene una revista: *La Piragua*. Recuerdo que en un número del año 1992, apareció un artículo de Hugo, que se llamaba *"Educación como construcción de sujetos sociales"*.[22] Ya leyéndolo me sorprendió, pues de educación no decía nada, pero si tenía mucho sobre sujetos y subjetividad; es decir, el nombre lo había colocado el editor, pero era un texto de mirar, y pues eso me marcó, me marcó tanto que lo incorporé, en el último capítulo de mi libro, que se llama *Discursos, prácticas y actores de la educación popular en Colombia*.

Por ese entonces también buscaba hacer mis estudios doctorales. Pensaba: "Ya tengo en este momento la maestría, y quiero hacer el doctorado allí donde esté vinculado este personaje que me gusta tanto, ¿dónde está?". Entonces averigüé que Zemelman trabajaba en la UNAM y en el Colegio de México; vine a este país en 1995 a explorar, a preguntar; me decían "él está en un doctorado allá en el Colegio de México, pero "El Colmex es

---

[22] Hugo Zemelman. "Educación como construcción de sujetos sociales". En *La Piragua Revista Latinoamericana de Educación y Política,* núm. 5. México, 1992.

como un monasterio, como muy tradicional, es como un panóptico: dedicación y control total", tal cual, me decían. "¡No!, ahí usted no va a aguantar ni un mes, porque le va a incomodar, se va a sentir oprimido".

Entonces, unas personas que conocía en México, muy comprometidas con el cambio social, me dijeron "Mejor vaya al Doctorado en Estudios Latinoamericanos del CELA[23], que es más abierto, y ahí también está Hugo Zemelman". Entonces hice el proceso de inscripción e inicié el proceso de admisión, estando en Colombia. Hace veinte años todos esos trámites tocaba hacerlos por correo postal o viniendo personalmente, nada de entrevistas por Skype o conversaciones por WhatsApp, nada de eso.

La carta de aceptación se demoró, además tuve que tramitar en la Universidad en Colombia, donde estaba vinculado, el respaldo para poder hacer mis estudios; con todos esos trámites para ser admitido y para obtener el permiso para venir se demoraron tanto, que no alcancé a llegar al semestre propedéutico –tenía que tomar un curso con el Doctor Severo Salles sobre Temas Latinoamericanos– que cursé a distancia. Lo cierto es que llegué a México hacia finales de enero del 97, muy contento por haber sido admitido en el doctorado; decidí tomar un curso con Hugo Zemelman, pero no lo encontré en la lista de cursos. Pregunté y me dijeron: "¡No!, el doctor Hugo Zemelman renunció a la UNAM, renunció al terminar el año 1996".

Yo pensaba: "¡Uy!, todo mi esfuerzo ¡y nada!"; me resigné, pero, de todas formas, la nómina de profesores eran autores que uno había leído, exiliados del Cono Sur como Ruy Mauro Marini, Sergio Bagú y Agustín

---

[23] Centro de estudios Latinoamericanos, adscrito a la Facultad de Ciencias Políticas y Sociales de la UNAM.

Cueva; estando en esas, vi un póster (afiche, decimos en Colombia), anunciando un Seminario en febrero sobre *Conocimiento y Cultura en América Latina,* donde aparecía Hugo Zemelman como uno de los conferencistas. Me dije "¡Ah!, pues hay que ir". Incluso fue tanta mi emoción, que me inscribí y pagué (después supe que, por ser estudiante de la UNAM, no tenía que pagar nada).

Ya cuando era el día del evento, me dije: "Voy a ir con el librito en el cual había trabajado todo un capítulo con aportes de Zemelman". Llegó el momento: una vez terminó su charla magistral, hubo un coctel, porque era un evento muy formal; entonces me le acerqué con el librito, y le dije, "Doctor Zemelman, yo tuve el privilegio de leer tales textos suyos y me sirvieron mucho para hacer esta investigación". Entonces me invitó a un seminario abierto que realizaba los días miércoles en la tarde con doctorantes de FLACSO, de la UNAM, y de El Colmex, interesados en su pensamiento; era un seminario interno de discusión metodológica y epistemológica.

Efectivamente, tuve el privilegio de estar dos semestres en este seminario, donde él estaba en la construcción de uno de sus libros; él tenía una práctica muy generosa, que era compartir con los doctorantes, los borradores del libro que estaba escribiendo, recibiendo interrogantes y aportes; eso fue el primer semestre. Ya en el segundo semestre el reto era otro: "Miren ustedes que hacen con lo que discutimos el semestre pasado, en función de sus proyectos". No se trata de que citemos en cada página, diez veces a Zemelman, sino que lo usemos en nuestros proyectos.

Ahí comenzó la relación con el maestro, con el que de vez en cuando iba a conversar a su oficina en El Colmex. Cuando ya terminé mis estudios, en 1999, regresé a Colombia; retorné como profesor a la Universidad

Pedagógica Nacional y empecé a buscar la manera de invitarlo. No era fácil, porque esta universidad tiene limitaciones presupuestales; como pudimos, siempre con muy escasos recursos en la universidad, logramos que, en el año 2000, fuera por primera vez Hugo a Colombia; él me comentó que a comienzos de 1970 había estado de paso por Bogotá. Así, ya pudimos tener más tiempo para conversar sobre la situación del país, sobre el estado de las ciencias sociales y sobre sus proyectos; desde ese entonces, comenzó a afianzarse la relación y presencia de Hugo Zemelman en Colombia, país que, después de México, fue con el que tuvo mayor presencia e influencia.

3. Confluencias y resonancias vitales e intelectuales

Todos estos antecedentes, personales y del contexto en que conocí a Zemelman, nos sirven para entrar en el asunto central de mi charla: abordar cuáles aspectos clave de la educación popular, en particular del pensamiento de Paulo Freire, confluyen con el pensamiento de Hugo Zemelman. Claro que preparando mi intervención la noche de ayer, decidí incorporar a otro personaje, tal vez conocido por ustedes: Orlando Fals Borda. Dicha decisión obedece a lo que últimamente he venido haciendo: retomar, recrear y posesionar en el campo de la investigación social, a esta tradición crítica participativa.

Entré a internet y consulté al doctor Google sobre las fechas de nacimiento de estos tres personajes sobre los que hablaré. Encontré lo siguiente: Paulo Freire, nace en el año 1921, muere en 1997; Orlando Fals Borda, nace en el año 1925 y muere en 2008. Hugo Zemelman nace en el año 1931, muere en 2013; Enrique Dussel nace en 1934.

Podríamos decir que son hijos de una misma época, pero con una pequeña distancia generacional.

Habría que hacer ese análisis, que es clave. Siendo consecuente con Hugo, podríamos decir que Freire y Fals son fundadores de buena parte de ese movimiento, que comienza en América Latina a finales de los 60 y principios de los 70. Ellos, en buena medida, abren una manera de posesionarse, frente a lo que estaba pasando en América Latina, y son, en buena medida, los co-creadores de sumar varios de estos planteamientos que le pusieron el adjetivo de liberación a varias cosas que hacían: educación popular, comunicación popular; entonces, en buena medida, eso va a influir mucho en las generaciones que están activas en los años 70.

En los años 70, también sucedió un fenómeno rarísimo en América Latina, y es que por primera vez llegara al gobierno, por vía electoral, un presidente de izquierda: Salvador Allende, en Chile. En buena medida, podríamos decir que a esa generación le tocó asumir la construcción de un proyecto político alternativo, en un contexto adverso, utilizando las herramientas que tenían a mano, que eran estas mismas, que habían producido estos otros autores que venían de atrás, desde el marxismo.

Conocí a Zemelman –en primera instancia– por sus textos, pero quienes lo conocieron saben que era un gran conversador, uno podía hablar horas con él, y uno ya por ahí de la una o dos de la mañana, empezaba a cabecear, y él iba en el preámbulo de lo que quería comentar. Entonces, cuando lo conocí personalmente hubo una situación diferente desde que iba a recibirlo al aeropuerto. Dos cosas que son muy significativas de lo que voy a conversar. Durante la primera charla en la universidad, dijo, "yo quiero hacer mención de un gran colombiano que conocí, fue mi maestro y me influyó, don Antonio García". Dicho personaje es prácticamente desconocido para nosotros en Colombia; pero Antonio García, sería como un precursor del pensamiento crítico en ciencias sociales; incluso fue de una generación anterior, personas que nacieron al comenzar el siglo XX, que les tocó vivir todos los ascensos de los nacionalismos populares.

Antonio García fue cercano al líder popular colombiano Jorge Eliécer Gaitán –asesinado en 1948– en la etapa última, la más radical; fue él quien redactó el programa económico de Gaitán; también estuvo en la revolución del 52 en Bolivia como asesor en problemas agrarios, también estuvo en Chile de la Unidad Popular. La primera vez que Zemelman fue a Colombia, dijo Hugo "Don Antonio fue mi maestro". Antonio García fue uno de los intelectuales que influyó mucho, en esta idea de las ciencias sociales latinoamericanas, de la necesidad de un pensamiento propio latinoamericano; yo siempre tomaba nota de todo lo que decía Hugo, y después, obsesivo, buscaba en bibliotecas. Efectivamente, encontré un folletico de este autor, valdría la pena que lo publicará el Ipecal –son como cuarenta páginas–, que se llama *Hacia una teoría latinoamericana de las ciencias sociales*[24] en el año 1972.

En otro momento de esa primera visita del año 2000, me dice Hugo, "Quiero saludar a Fals Borda". Este investigador colombiano, había trabajado y había sido el creador del Departamento de Sociología, luego de la Facultad de Sociología de la Universidad Nacional, con la muerte de Camilo Torres y toda la radicalización de la época lo lleva a salir de la universidad en 1967; va a ser en las décadas de 1970 y 1980 cuando produce sus obras más significativas,

---

[24] Antonio García Nossa (1972). *Hacia una teoría latinoameri-cana de las ciencias sociales del desarrollo.* Tunja: UPTC.

por las cuales se le conoce en América Latina; a partir de la creación de la Investigación Acción Participativa estuvo dando vueltas por todo el mundo, promoviéndola, justificándola, creando redes; a mediados de la década de los 90 regresó a la Universidad Nacional, y ya para jubilarse organizó el "Segundo Simposio Mundial Comunicación y Participación". Cuando fuimos a visitarlo con Hugo, él estaba vinculado al IEPRI (Instituto de Estudios Políticos de Relaciones Internacionales). Ahí fuimos a buscarlo; fue un encuentro muy bonito, una conversación entre los dos muy animada. Traigo este recuerdo para mirar esas conexiones que parecen estar en lo anecdótico, pero que expresan unos sentidos más profundos que están ahí; entonces, lo que haré a continuación es llegar al plato fuerte; a analizar las confluencias entre estos dos grandes pensadores críticos latinoamericanos.

Para comenzar, estas primeras generaciones "fundacionales" del pensar crítico desde las ciencias sociales y el pensamiento social, tienen el mérito de que, habiendo sido formados en una concepción tradicional de la academia, de la ciencia, de todo, cambiaron. No sólo cambiaron, sino que iniciaron líneas de pensamiento novedosas. Eso solamente lo había visto en San Pablo,[25] eso es interesante, porque fueron personas –Freire, Fals Borda, Zemelman– formadas en una sociología convencional. Incluso, hay un elemento común entre Paulo y Hugo, y es que no se formaron en las ciencias sociales, sino en el derecho; obviamente ustedes saben que las ciencias sociales, ya como disciplinas institucionales, se conforman en América Latina durante la segunda

____

[25] Pablo de Tarso (Aprox. 5-10 a.C. - 58-64 d.C.) comenzó siendo perseguidor de los cristianos, pero en camino a damasco tuvo una revelación que lo llevó a convertirse al cristianismo y a convertirse en su principal promotor.

mitad del siglo XX; las Facultades de Derecho durante la primera mitad del siglo, también incluían formación en ciencias políticas y sociales.

Me imagino que también pasó en otros países de la región: estas Facultades llamaban "de Derecho, Ciencias Sociales y Políticas", porque estos abogados eran formados en una vocación humanística amplia, se sabían muy bien las técnicas jurídicas, pero también, era donde se discutía filosofía y el pensamiento social. Esa formación es un elemento clave, porque permite otra mirada; pero, un primer mérito es ése, que siendo personas formadas en perspectivas tradicionales, lograron hacer rupturas y generar nuevas miradas; eso ya es un mérito muy grande, porque ya nosotros, las generaciones posteriores, subimos a un tren que ya está andando; porque ya nos hemos formado con cierta disposición a lo crítico, a lo novedoso.

El segundo rasgo es ése, formados en un contexto tradicional, hay que recuperar ese contexto social del que provienen; por eso es importante, en esos pensadores que son nuestra referencia, también indagar en sus orígenes, porque son una clave básica que nos permite comprender su obra. Recuerden que este contexto es un elemento común: Fals Borda había sido formado en una familia protestante, en un país como Colombia, donde la mayoría, en ese momento, eran católicos, en una sociedad más conservadora, de todos modos, pero esa referencia a lo religioso estaba allí presente, de una manera u otra. Freire mismo, en los años 60, al participar en movimientos sociales, algunos de ellos de inspiración católica de izquierda, toda una cosa que venía de la acción de la reforma que trajo el Concilio Vaticano II. Entonces también hay que decir, ¿cuáles son los puentes que hacen desde su militancia? Es decir, que el punto donde confluyen es la formación, no tanto proveniente de la lectura de libros, sino desde una praxis; participaban de procesos sociales y políticos cuando empiezan a cuestionar las cosas; "uno no cambia leyendo libros", hay que leer, pero los libros por sí solos no transforman a nadie, pedagógicamente hablando, si no van articulados a otras prácticas y procesos portadores de sentidos críticos.

Un tercer rasgo compartido por los tres es lo *crítico*. Digamos que tienen en común su posición, o la colocación crítica frente al mundo. En los tres intelectuales, en su trayectoria vital y sus trayectorias sociales, en algún momento viven una situación de inconformismo, de intranquilidad, de incomodidad. Por ejemplo, si ustedes están ahí, en la silla, incómodos, ¿qué hacen? Pues se mueven. Cuando uno está incómodo con algo se mueve, esto lo aprendí, no en ningún libro, sino hace unas semanas, haciendo un taller de estos temas de educación popular. Cada grupito tenía que representar en un cartel, algo que habíamos visto en estos temas, entonces un grupo de chicos, donde había una argentina, lo que hicieron fue un *performance*. Estaban todos colocados en unas posiciones todas incómodas. Después de un rato, empezaron a moverse; ésa fue su reflexión.

Entonces, estamos frente a esa condición común que es la inconformidad en varios planos. Reconocer que Freire está en el campo educativo, frente la educación convencional, a la que llamó "educación bancaria"; Fals Borda, frente a las ciencias sociales, a la sociología clásica, que la reconoció como colonial y antipopular; Hugo Zemelman frente a las formas de razonamiento instaladas que impiden pensar críticamente; al igual que otros autores latinoamericanos como Enrique Dussel, Gustavo Gutiérrez y Leonardo Boff, quienes critican a la filosofía y a la teología eurocéntricas. Entonces, hay una cosa que está presente siempre en ellos, que es la crítica que se vuelve una experiencia clave en esos pensadores. Experiencia que asumimos como parte de estas tradiciones con las que nos identificamos, quiérase o no, para asumir con gusto el adjetivo y el sustantivo de crítica; y poder sostener que la crítica es un posicionamiento frente al mundo, que reconoce cuando algo está mal; o que, desde unos valores éticos, políticos que uno tiene, contrastados con la realidad que existe y genera esa incomodidad.

En mi caso, lo crítico me llegó desde diferentes lugares; primero fue la noción o principio de la justicia, no tanto por leer a Rawls[26] o Moore[27] (a quienes leí sólo hasta el doctorado), ni siquiera por mi acercamiento juvenil a la educación popular cristianismo militante (con el que me identifiqué hasta después de los 20 años), sino por el ambiente familiar; desde que recuerdo, cuando veo una situación injusta, me incomoda. Yo me hice crítico por mi papá; él me decía: "No crea eso, que desde que mataron a Jorge Eliécer Gaitán[28] se inventaron el futbol rentado y la Vuelta a Colombia para distraer al pueblo; el futbol y lo que promueven los medios, todo eso es para engañar al pueblo"; así, mi semilla crítica no provino de Marx, ni de Freire, ni siquiera de Fals Borda

---

[26] John Rawls (1971). *Teoría de la justicia*. México: FCE.

[27] Barrington Moore (1973). *Los orígenes sociales de la dictadura y la democracia. El señor y el campesino en la formación del mundo moderno*. Barcelona: Península.

[28] Líder popular colombiano asesinado el 9 de abril de 1948; ese día y durante los días siguientes hubo un levantamiento popular en varias ciudades del país, que se conoce como "el bogotazo".

y Zemelman; provino de mi familia, leyendo prensa y oyendo los comentarios de mi papá.

Podríamos decir ese elemento de la crítica, en el caso de cada uno de estos autores ¿cómo se da? Una crítica tanto a las ciencias sociales que les tocó, una crítica misma a las lecturas marxistas ortodoxas en que se habían formado, una crítica a las metodologías de investigación, una crítica epistemológica, ¿cómo se está dando? Por eso, es que muchos de los libro de estos autores tienen la palabra crítica por algún lado, incluso hay una cosa interesante, y es que Fals, igual que otros contemporáneos como Pablo González Casanova, vislumbró desde los años 60 el carácter colonialista de las ciencias y del conocimiento; después eso se puso de moda recientemente, con lo decolonial y todo esto, pero todos estos personajes habían estado poniendo en evidencia eso: que la ciencias sociales no sólo eran positivistas y deterministas, sino también coloniales, eso está ahí y lo vamos a ir viendo en cada una de las cosas.

El cuarto rasgo, estrechamente relacionado con el anterior, es su mirada puesta en nuestras propias realidades, en nuestro contexto regional. Estas tradiciones críticas latinoamericanas parten de cuestionar una práctica común en las élites políticas y académicas de nuestros países que es el querer imitar, "copiar" o trasladar ideas, instituciones y prácticas provenientes del Norte Occidental (Europa y Estados Unidos) la tradición de pensamiento y el conocimiento más occidental, que puso la primacía en la teoría por sobre la realidad, o la teoría sobre la práctica, la contemplación sobre la acción.

Siguiendo una senda iniciada por Simón Bolívar y su maestro Simón Rodríguez, los tres autores a los que nos estamos refiriendo advierten e insisten de diferentes formas acerca de la inconveniencia de trasladar acríticamente teorías y metodologías gestadas en el Norte a nuestros contextos. A la vez, plantearon la necesidad de construir referentes conceptuales y metodológicos apropiados a nuestros contextos, nuestras necesidades y a nuestros desafíos históricos compartidos. Fals Borda habló de una "ciencia propia"; Freire insistió en partir de nuestras propias preguntas y Zemelman en que "el punto de partida" de toda acción investigativa, pedagógica o transformadora es el posicionamiento, la colocación de los sujetos frente a su realidad.

Es por ello que estos pensadores coinciden en haber acogido y resignificado la categoría griega de *praxis*, retomada por Marx, como criterio de verdad en sus famosas *Tesis sobre Feuerbach* y que Gramsci retomó al nombrar el materialismo histórico como una *filosofía de la praxis*. En todos hay una preocupación: que sea la práctica social, la práctica educativa o la práctica revolucionaria, siempre el punto de partida y de llegada de cualquier ejercicio investigativo o pedagógico. No es casual que Freire haya llamado inicialmente a su proyecto educativo, *pedagogía de la praxis*, y Fals Borda, *sociología de la praxis*.

Un quinto rasgo común es el uso abierto, flexible, heterodoxo y antidogmático de las teorías y conceptos para abordar la realidad; es decir, que, además de haber tomado distancia con las miradas más convencionales y tradicionalistas de la ciencia, de la educación, acogieron lo que durante las décadas de 1960 a 1980 se ofrecía como lo más depurado del pensar crítico: el marxismo. En buena medida, el marxismo que predominaba en los medios académicos y políticos de izquierda de los años 70 era ese marxismo muy ortodoxo, lleno de verdades, de certezas, de leyes ineludibles; a nuestros pensadores críticos les tocó pelear con estas posiciones.

Si bien es cierto que el marxismo había sido un referente de su formación, en todos está presente su preocupación frente a sus lecturas y usos ortodoxos; Freire propuso que había que ser radicales, pero no sectarios; Fals incorporó, como un principio epistemológico, el antidogmatismo; Zemelman planteó que hay que leer la realidad como algo que se está dando, como proceso, como movimiento, que no obedece a leyes prefijadas, es un movimiento donde se conjuga, como diría Marx, los condicionamientos sociales, con las múltiples posibilidades, los diferentes futuros posibles y dicho movimiento de la realidad genera un permanente desfase con las teorías, las cuales tienden a fijarse, a estancarse.

Dicho reconocimiento del carácter indeterminado de la realidad social es el sexto rasgo, especialmente visibilizado en los libros de Zemelman. Incorporar la indeterminación en las ciencias sociales, es decir, va a tener consecuencias políticas, éticas, pedagógicas; no es solamente un problema teórico. Pero ¿qué es lo que desborda en la obra de Zemelman? No es una nueva teoría, sino una postura epistémica para comprender lo social, y comprender la misma actuación humana presente. No basta con decir que el movimiento social no está determinado, no basta con decir que la realidad es abierta e indeterminada. Hay que preguntar ¿por qué?, ¿a qué obedece? Entonces él va a destacar ese elemento de la subjetividad humana, o sea, el actuar de los humanos.

En consecuencia, para Zemelman, el actuar está condicionado, pero no está determinado; este supuesto nos permite explicar esas múltiples posibilidades de desenvolvimiento de lo social. La tradición mecanicista y determinista de las ciencias sociales, también reconoce el cambio, pero la explicación del cambio siempre es factorial, que es lo que nos enseñan y aprendemos en la escuela primaria, en los textos escolares; cuando se habla de "causas de la Independencia americana", se dice: "la Ilustración" o "la invasión napoleónica en España"; siempre son causas externas al fenómeno. Ello desconoce lo que Zemelman llamaba "el dinamismo propio de la realidad"; por ello se plantea como importante recuperar el lugar de los sujetos y a las subjetividades sociales. Puede haber sueños y visiones de futuro diferentes, así es como aparece un elemento clave también para Freire, y esta idea de que el presente, es decir la realidad presente, es cambiante, no está determinada; pero, también, que está atravesada por muchas posibilidades de futuro.

Esta indeterminación y apertura de lo real, Freire la conecta con el *principio de esperanza*; las va a nombrar como el *inédito viable*; es decir, los seres humanos, los pensadores también planteamos visiones de futuro para avanzar hacia allá, pero es muy interesante, porque en la categoría de inédito viable va a plantear Freire que no es sólo el sueño, la esperanza de vocación, de voluntad, sino es el sueño y la esperanza a partir de una lectura de la realidad y sus posibilidades de desenvolvimiento. No es predicción ni futurología, ni mucho menos la ideología del único futuro posible impuesto por el discurso hegemónico: la competitividad en el mundo globalizado capitalista.

A propósito, estaba esta semana en otro evento, era algo sobre formación de maestros, y no faltó la intervención que decía eso: "hay que formar a los niños en los desafíos del futuro y ya las profesiones del futuro, en diseño de páginas *web*, en administrador de nubes". Ésa es una de las realidades posibles, la más funcional al orden; en nuestro caso hablamos más bien del conocimiento de las tendencias históricas, de las dinámicas sociales, de los futuros posibles en el presente, pues lo que nos da la esperanza, también es el sentido de decir: "es posible cambiar este mundo".

Entonces, este reconocimiento de la realidad en movimiento indeterminado, cuando se retoma desde el papel de los sujetos sociales y sus subjetividades, nos coloca en el papel de actores sociales, en protagonistas de la historia; y eso alimenta apuestas políticas y pedagógicas como las de Freire, desde la idea de una *esperanza activa*, constructora de realidades. Justo es donde entran esas categorías que son comunes a estos autores a los que nos estamos refiriendo, pero también a otros como Cornelius Castoriadis, que visibilizan esa tensión entre lo dado con lo dándose, entre lo instituido y lo instituyente y la posibilidad de emergencia de imaginarios radicales portadores de nuevos sentidos de realidad. Se reconoce que la vida social está siempre atravesada por esas fuerzas de conservadurismo, de tradición, de estancamiento, y a la vez de lo emergente, lo transformador y de creación.

Estas tensiones propias de la vida histórica, visibilizadas por ellos, son un desafío para nosotros; un desafío para asumirlo en los diferentes ámbitos en los que nos movemos. ¿Qué implica esto en lo educativo?, ¿Qué implica esto en lo cultural?, ¿Qué implica esto en lo político? ¿Por qué hay que reconocerlo? Porque ese dinamismo de lo social se da, y hay que leerlo en sus diferentes dimensiones y escalas temporales y espaciales. Podríamos decir: hay una mirada crítica, una mirada dialéctica de la realidad social compartida por estas mismas perspectivas; el mismo Fals Borda insistió en ver la realidad desde esa riqueza de la realidad que incorpora, no solamente los hechos objetivos, materiales, evidentes –pobreza, injusticia social, pobreza, desplazamiento– sino también lo simbólico, lo espiritual y lo intersubjetivo, en los que no me detengo, porque seguramente ustedes están trabajando en estas dimensiones de la cultura.

La cultura se vuelve un elemento clave para comprender estos dinamismos sociales, si la entendemos como ese conjunto de imaginarios, representaciones, creencias, significados, desde los cuales los sujetos y los grupos sociales dan sentido a su acción social y desde la cual dan sentido a la acción de otros. Entonces, la cultura fue un elemento clave, ¿por qué?, porque ayudó también a ampliar la idea de que subjetividad no es sinónimo sólo de conciencia, no se trata sólo de razón, sino que precisamente es la que contiene a ésta y la desborda. En sus primeros trabajos, Freire usó la categoría de conciencia, pero en un sentido amplio, no sólo racional, sino como apropiación del mundo –desde todas las dimensiones humanas–, al parecer más influido por la fenomenología que por el racionalismo o el marxismo.

Fue, posteriormente, en la etapa fundacional de la educación popular, que la concientización liberadora se asimiló a la conciencia de clase de los manuales de marxismo de la época, como conciencia de la explotación y de la necesidad de luchar por la construcción del socialismo. La idea de conciencia en Freire era más amplia: de apropiación humana del mundo, desde todas sus dimensiones, que él va a rescatar luego en los años 90, cuando decía: "Hay que leer el mundo, hay que soñar el mundo, cantar el mundo, bailar el mundo". Entonces, este planteamiento es muy interesante porque nos desafía a ampliar los lenguajes que usamos en nuestras prácticas educativas, investigativas, políticas; allí donde queremos husmear por lo humano, hay que leerlo en todas su riqueza, no sólo en lo que llama Zemelman, sus dimensiones morfológicas. El movimiento, el conflicto, la transformación, hay que leerlos y recrearlos en sus diferentes expresiones y lenguajes; esto es, desde el arte, el performance, en el chiste de la esquina, en todos lados hay que reconocer eso; entonces eso es un poco como se dan esas lecturas de realidad.

Vemos cómo estos tres autores retoman y fortalecen una ontología de la realidad social como cambiante, histórica, subjetiva, objetiva, determinada, indeterminada, instituida, instituyente, toda la serie que queramos ahí colocar. Pero también podríamos decir que en estos autores hay una ruptura epistemológica, ¿por qué epistemológica? Porque incorporaron otras perspectivas para comprender la forma en que se conoce la realidad desde diferentes praxis sociales, desde la colocación y actuación frente a las injusticias, y no como descubrimiento o "representación" objetiva a través de un método predefinido.

Este reconocimiento de sus aportes, frente a las miradas más convencionales de la izquierda las viví en carne propia. Mi educación secundaria se dio en la agitada y altamente ideologizada década de 1970; tuve profesores de izquierda y desde los 13 años participé en grupos de estudio y en modestas apuestas prácticas: un periódico escolar, luego un periódico barrial y después en los Centros de Alfabetización y Educación de Adultos. Así que desde muy joven estaba leyendo esos manuales marxistas, como los de George Politzer y Marta Harnecker. Puedo decir que no tuve infancia, ni juventud –a la manera como hoy se entiende– por estar leyendo y haciendo estas cosas; pero, gracias a esto, pude hacer las rupturas más pronto y a los dieciocho años cuando ya había comenzado a leer directamente a los clásicos, ya podía referirme a "mi pasado ortodoxo". Obviamente no fue tan sencillo, pues estamos en un proceso de formación del pensamiento crítico que nunca termina.

Volvamos al tema: la apertura epistemológica como actitud permanente en estos pensadores. Porque, aunque inicialmente formados en concepciones y teorías clásicas sobre lo social y de su conocimiento, así como de la investigación, su apertura y lectura permanente de los contextos históricos en los que vivieron, les permitió ir ampliando sus perspectivas, reelaborar conceptos, crear categorías, reelaborarla. Eso es lo que, precisamente, les permite ir incorporando planteamientos de varios autores críticos, tanto marxistas como no marxistas. Yo tuve más posibilidad de conversar mucho con Hugo Zemelman, menos con Fals Borda, aunque trabajé con él y logramos entrevistar a profundidad; a Freire, lo vi sólo una vez, y conversamos varios profesores con él. En todos los casos estaba muy pendiente sobre qué leían, qué autores habían influido; yo no me comía el cuento de que todo se lo estuviera inventando ellos de cero. Por eso es clave mirar las notas a pie de página, los textos de las bibliografías referenciadas.

Con respecto a Zemelman (por ser el más cercano a ustedes), yo he planteado que hay un Zemelman escrito y un Zemelman oral; entonces eso de la transcripción y la publicación de las conferencias es muy importante, porque él dijo muchas cosas que no escribió, entonces yo creo que hay que seguir toda una pista a ese Zemelman oral, porque ahí planteó muchos asuntos e hipótesis que no siempre fueron abordados en sus libros. Precisamente en alguna de sus charlas, utilizó una metáfora para nombrar lo indeterminado; afirmó que, así como los físicos cosmólogos hablan de la sopa cósmica, habría que pensar también en la *sopa social*. La realidad es compleja, uno no puede entenderla desde una dimensión o variable o relación; un buen sancocho o un buen pozole tienen que tener muchos ingredientes y ciertos condimentos, algunos picantes, para que le dé sazón. Esta metáfora de la sopa social estaba influenciada por la ontología de la creación y su imagen de "magma social" planteado por Castoriadis, como en efecto, me lo compartió Zemelman en alguna conversación informal.

La realidad social se parece más a un sancocho, a un pozole, que a una cuadrícula cartesiana o a un sistema formal; pero muchos me dirían, "mejor que la sociedad sea como un sistema", porque daría muchas seguridades; pero lo más importante, tal vez, es lo de la ruptura epistemológica, todos podríamos hacer en la matriz clásica marxista desde el conocimiento de la práctica, en la praxis. Ahí es donde estos autores van a hacer los grandes aportes. Para Freire, el conocer el mundo, desde su preocupación por lo educativo, exige una concepción del conocimiento y una concepción del poder, es decir, una crítica, una ruptura frente a la concepción tradicional del conocimiento. Para él, el conocimiento está asociado a la praxis, al diálogo sobre la praxis. Para Fals Borda, la llamada *sociología de la praxis* también apunta a la necesaria imbricación de la investigación social con la trasformación de la realidad. En el caso de Zemelman, esta preocupación es epistemológica y metodológica. Seguramente porque cuando llega a México y se vincula a El Colmex, donde los temas en los que trabajaba eran sobre epistemología y metodología de las ciencias sociales.

La pregunta, en el caso de Freire, era: ¿cómo producir una lectura del mundo que contribuya a su transformación? En el caso de Zemelman, la pregunta era: ¿Cómo construir lecturas de la realidad, que dieran cuenta de su historicidad, de su transformación, y no especulaciones, resultado o ideologías o teorías previas? Pues como él lo dijo muchas veces, él había vivido esa equivocación trágicamente en Chile durante el gobierno de la Unidad Popular: el equipo de intelectuales que estaba haciendo el análisis de la coyuntura, el análisis de lo que podrían hacer los diferentes sectores sociales, no previeron el golpe militar de septiembre de 1973; su lectura clasista de la sociedad que suponía que determinaba la actuación de todas las instituciones sociales como el ejército y la Iglesia. Para los intelectuales de izquierda, la estructura de clases atravesaba ambas instituciones y las bases y mandos medios, que provenían de clases populares, serías fieles al gobierno que representaba sus intereses.

Algo similar pasó con los estudios sobre la Unión Soviética; Estados Unidos y los países occidentales tenían centros de estudios sobre Europa del Este, tenían centenares de investigadores analizando cada cosa, espías clandestinos en esos países, cuando, de pronto, se viene al piso el régimen. Cuando viene todo el desplome de la Unión Soviética, estos investigadores fueron los primeros sorprendidos. Y algo parecido también sucedió con el levantamiento armado de Chiapas; durante décadas, tan lleno de antropólogos e investigadores, todos publicando sobre la realidad de dicho estado y, de pronto, el primero de enero de 1994 viene el levantamiento zapatista... Ni se lo imaginaban.

Estamos hablando del límite de las ciencias sociales convencionales, el límite de las teorías sociales para dar cuenta de la complejidad de lo social, en particular de las emergencias, de las novedades y disrupciones sociales. Como vimos, dichas limitaciones no sólo tienen efectos en el plano del conocimiento; puede tener nefastas consecuencias políticas y sociales. Así, por ejemplo, nosotros podemos equivocarnos en nuestra tesis, pero no le hacemos daño a nadie; pero si un asesor de Trump se equivoca, como lo está haciendo, vean las consecuencias.

Podemos equivocarnos en el ensayo, pero si yo me equivoco y soy presidente, las consecuencias son mayores. Por ello es que destacamos este aporte crítico acerca de cómo es que debemos leer la realidad en esa complejidad que es inherente.

En esta perspectiva es que Zemelman acudió a la categoría marxista de *totalidad social* y que propuso la llamada por él *reconstrucción articulada*, tratando de superar las tendencias positivistas predominantes en las ciencias sociales; ¿qué era lo que estaba predominando en esos años? En esos años de la segunda mitad de los 70, El Colegio de México, a donde llegó Zemelman, era una institución altamente neopositivista, funcionalista. Pero él plantea que más que meter la realidad en teorías, lo que hay que hacer es "leer el movimiento de la realidad".

Para Zemelman, la tarea del investigador está en producir unas lecturas densas de cómo es la realidad en su movimiento y a la vez en atrapar conceptualmente esa realidad; no basta con decir: "la realidad dialéctica es cambiante, es instituyente y cambiante"; el desafío es ¿cómo lograrlo en una investigación?, ¿cómo dar cuenta de ello en cada problemática? Porque es común encontrar tesis de maestría y doctorado en las que se recita a Zemelman o a Marx en el primer capítulo; pero, luego en los demás capítulos, ser bien positivista; entonces, el reto es cómo hacer construcciones articuladas de la realidad.

Además, también era importante para Zemelman, cómo hacer esa crítica a la racionalidad parametral instalada en la investigación social, en el pensamiento científico, en la *episteme* institucional, los cuales impiden pensar y comprender el devenir social. También es el periodo en el que hace ese llamado a la apertura, ahora sí, a la apertura de la conciencia, a la apertura del pensamiento, de reconocer esa riqueza que hay en la realidad de nuevo. Que no se puede comprender lo social, sin involucrar lo que hay de subjetividad, lo que hay cultura, pero tampoco no se puede conocer lo social, si no nos reconocemos nosotros como sujetos que leemos posesionados en la historia.

Es necesario reconocer, en medio de estas preocupaciones, otra confluencia epistemológica entre Freire y Zemelman. Lo que para el primero va a llamar *situación límite*, y el segundo, *pensamiento de umbral*. No basta con decir "soy crítico del pensamiento parametral", hay que hacerlo de otro modo. Hay que pensar dónde situarse para ver eso, entonces claro, reconocida esta complejidad en lo social, el agotamiento de las teorías si estamos parados en la realidad, toca desplazarse de esos centros y colocarse en las márgenes, en las orillas, poner en evidencia los límites del conocimiento, de las teorías, para desde ahí asomarse a ver otras cosas; un poco la metáfora del umbral.

En el caso de Freire, la categoría del *límite* es similar; en su propuesta inicial de investigación temática, los investigadores, artistas y educadores que iban a hacer una propuesta educativa, tenían que hacer previamente un trabajo de campo de conocimiento de la realidad, que buscaba reconocer problemas comunitarios relevantes y el *universo vocabular* con el que la gente las nombra; es decir, el lenguaje y la cultura de la gente. Además, había que ubicar situaciones que a la vez que expresaban dichas problemáticas también fueran desafíos para la gente.

Puestas en escena en contextos educativos, estas *situaciones límite*, no sólo posibilitan visibilizar estos problemas compartidos, sino también reconocer los límites que la gente tenía para comprenderlos en su profundidad. Por ejemplo, si se va a trabajar un tema como las formas de violencia intrafamiliar, habría que buscar ejemplos o casos donde se evidenciaran, pero que a la vez, al analizarlas, se reconocieran los sistemas culturales que las naturalizan; así, no bastaba con visibilizarla y comprenderla, sino también problematizarla, generando nuevos desafíos.

De esta manera, se evidencian los límites a la maneras de ver y juzgar los problemas; así, no es solamente un asunto teórico sobre qué problemática logro reconstruir o plantear, sino también un desafío epistémico que deviene de reconocer los límites que tengo para abordarla; así, esa *situación límite* se vuelve un punto de tensión para producir conocimiento. Hugo Zemelman insistía permanentemente acerca de que sólo se puede conocer y pensar de otra manera si el investigador se pelea consigo mismo, con sus comodidades teóricas, con el confort que ya tenemos de pensamiento establecido. Entonces, hay un desafío epistemológico no solamente en la comprensión sobre qué hay de movimiento en la realidad, sino también en la comprensión de uno mismo. Por eso en algunas ocasiones decía que la *episteme* atraviesa la relación del conocimiento en el mundo científico, pero a la vez, va más allá, en prácticas e instituciones como lo educativo; el problema del conocimiento no solamente es para los investigadores del mundo académico, sino para quienes trabajamos, de una manera u otra, en el plano del pensamiento, de la conciencia, del arte, de la cultura.

Y en séptimo lugar está lo metodológico. En este plano, quiero destacar, igual que en los otros planos, la crítica a lo dado; es decir, la crítica a lo que pasaba y sigue pasando en las ciencias sociales. Así como el positivismo predomina en lo epistemológico, hay el predominio de un instrumentalismo reduccionista en lo metodológico. Generalmente, las investigaciones más convencionales reducen la metodología al uso de ciertas técnicas como la encuesta o la entrevista; muchas veces, en el caso de quienes pretendemos hacer investigación alternativa, también nos limitamos al uso de ciertas técnicas; en un momento, vino el entusiasmo con el uso de historias de vida; en otro, el de los grupos de discusión; más recientemente, la cartografía social.

El problema de lo metodológico va más allá del pensar: ¿cuál es la técnica?, ¿cuál es la estrategia? En lo investigativo están los desafíos más grandes, que nos pone Zemelman en el presente –así como lo pedagógico en el caso Freire– cuando dice: "el punto de partida, es dónde yo estoy parado, con respecto a eso que yo quiero comprender, en el caso de lo político, transformar con respecto a lo que quiero formar en los otros y en mí"; ese reconocimiento de dónde estoy parado, esa colocación frente al contexto es lo que Zemelman nos invita a construir como *colocación* frente al mundo.

REFERENCIAS

Bagú, Sergio (1959). *Acusación y defensa del intelectual.* Buenos Aires: Editorial Perror.

Barthes, Roland (1974). *Análisis estructural del relato.* Buenos Aires: Tiempo Contemporáneo.

Calvillo, Myriam y Favela, Alejandro (1995). "Los nuevos sujetos sociales. Una aproximación epistemológica". En *Sociológica*, núm. 28. México: UAM.

Castoriadis, Cornelius (1997). *Ontología de la creación.* Bogotá: Ensayo y Error.

Castoriadis, Cornelius (2004). *Sujeto y verdad en el mundo histórico social.* Seminarios 1986 -1987. Buenos Aires: Fondo de Cultura Económica.

Fals Borda, Orlando (1970). *Ciencia propia y colonialismo intelectual.* Bogotá: Punta de Lanza.

Fals Borda, Orlando (1983). *Por la praxis: cómo comprender la realidad para transformarla.* Bogotá: Tercer mundo editores.

Fernandes, Florestán (1963). *A sociologia numa era de revolução social.* São Paulo: Editorial Nacional.

Foucault, Michel (1991). *El sujeto y el poder.* Bogotá: Carpe Diem.

Freire, Pablo (1970). *Pedagogía del oprimido.* México: Siglo XXI editores.

García, Antonio (1972). *Hacia una teoría de las ciencias sociales latinoamericanas.* Tunja, Colombia: UPTC.

Guattari, Félix (1997). *Caosmosis.* Buenos Aires: Úrsula.

Ibáñez, Jesús (1996). *El regreso del sujeto*. Madrid: Siglo XXI.

Jaidar, Isabel (2003). *Tras las huellas de la subjetividad*. México: UAM.

León, Emma y Zemelman, Hugo, coords. (1997s). *Subjetividad: umbrales del pensamiento social*. Barcelona: Anthropos, CRIM UNAM.

Pichon-Rivière, Enrique (1985). *Psicología de la vida cotidiana*. Buenos Aires: Nueva Visión.

Pinto, Costa (1963). *La sociología del cambio y el cambio de la sociología*. Buenos Aires: EUDEBA.

Sánchez Cafdequi, Celso (1999). *Imaginación y sociedad: una hermenéutica creativa de la cultura*. Madrid: Tecnos, Universidad Pública de Navarra.

Santos, Boaventura de Sousa (1994). Subjetividad, ciudadanía y emancipación. En *El otro derecho*, núm. 15. Madrid

Torres, Alfonso (2000). Sujetos y subjetividad en la educación popular. En *Pedagogía y saberes*, núm. 15. Bogotá: Facultad de Educación. Universidad Pedagógica Nacional.

Torres, Alfonso (2006). Subjetividad y sujeto como perspectiva de investigación social y educativa. *Revista colombiana de educación* # 50, Bogotá, Universidad Pedagógica Nacional

Torres, Alfonso (2009). Acción colectiva y subjetividad. Un balance desde los estudios sociales. *Folios*, núm. 3, Bogotá, Universidad Pedagógica Nacional, Bogotá

Torres, Alfonso (2014). Producción de conocimiento desde la investigación crítica, *Revista Nómadas*, núm. 40. Bogotá: IESCO, Universidad Central.

Torres, Camilo (1961). *El problema de la estructuración de una auténtica sociología latinoamericana.*

Lecturas adicionales de la facultad de Sociología. Bogotá: Universidad Nacional.

Touraine, Alain (1986). *El retorno del actor*. Eudeba: Buenos Aires

__________ (1997). *¿Podemos vivir juntos? Iguales y diferentes*. México: Fondo de Cultura Económica.

Zemelman, Hugo (1987). *Uso crítico de la teoría*. México: El Colegio de México.

Zemelman, Hugo (1989). *De la historia a la política. La experiencia de América Latina*. México: Siglo XXI, Universidad de las Naciones Unidas.

Zemelman, Hugo (1992). "La educación en la construcción de sujetos sociales". En *La Piragua*, núm. 7. Santiago de Chile: CEAAL.

Zemelman, Hugo (1992). *Los horizontes de la razón. Dialéctica y apropiación del presente* (2 vols.). Barcelona: Anthropos, El Colegio de México.

Zemelman, Hugo (1995). *Determinismos y alternativas en las Ciencias Sociales de América Latina*. Caracas: Nueva Sociedad, UNAM.

Zemelman, Hugo (1996). "El paradigma del pensamiento crítico". En Marini, R. y Millán, M. (coords.), *La teoría social latinoamericana*, Tomo V. México: UNAM.

Zemelman, Hugo (1996a). *Problemas antropológicos y utópicos del conocimiento*. México: El Colegio de México.

Zemelman, Hugo (1997). *Subjetividad: umbrales del pensamiento social*. Barcelona: Anthropos.

Zemelman, Hugo (1998). *Sujeto: existencia y potencia*. Barcelona: Anthropos.

Zemelman, Hugo (2011). *Configuraciones críticas. Pensar epistémico sobre la realidad*. México: Siglo XXI, CREFAL.